ÉVALUER UN COLLABORATEUR

Nadia Aubin

COMMENT ÉVALUER UN COLLABORATEUR

Deuxième édition

**Éditions
d'Organisation**

www.editions-organisation.com

ApeC

www.apec.fr

Éditions d'Organisation – Eyrolles
1, rue Thénard 75240 Paris Cedex 05

© Éditions d'Organisation, 2002, 2004
© Éditions APEC, 2002, 2004
ISBN : 2-7081-3141-9

TABLE DES MATIÈRES

© APEC - Éditions d'Organisation (Groupe Eyrolles)

Chapitre 1

OÙ EN EST-ON ?

Évaluation : les optimistes y voient autant d'occasions d'exprimer leurs désirs d'évolution ou voir récompenser leur investissement personnel. Les pessimistes, eux, tremblent : devront-ils réviser à la baisse leurs prétentions salariales ? L'alternative n'est pas aussi simple car l'enjeu est de taille. Mais c'est un fait : aujourd'hui on vous évalue à tous les niveaux de votre vie professionnelle : lors d'un recrutement, chaque année lors de l'entretien, de manière informelle... Bref, être jugé est devenu un passage obligé : des grands groupes, où l'évaluation est un basic de la fonction ressources humaines, jusqu'aux PME qui leur emboîtent le pas. Même si, pour ces dernières, il reste du chemin à parcourir.

LA RECONNAISSANCE
D'UN CAPITAL
HUMAIN

« *Tous les grands groupes ont réfléchi à la question de l'évaluation et mis en place des outils...* », observe François Humblot, membre du Syntec et dirigeant de Humblot-Grant Alexander, un cabinet spécialisé dans le recrutement et la mobilité interne. Si dans les années 80 et même au début des années 90, une entreprise sur deux ne s'était pas réellement penchée sur la question de l'évaluation, aujourd'hui, sauf dans les petites et moyennes entreprises où beaucoup reste à faire, la situation a bien changé! En effet, nous avons tous, ou presque, entendu parler du «redoutable» entretien annuel d'appréciation, encore considéré comme une bête noire, même par les plus rompus à l'exercice. Ceux qui s'y sont frottés n'ont pas été épargnés par le trac! Mais les méthodes d'évaluation ne se limitent pas à ce rendez-vous institutionnalisé. Loin de là. Les occasions de «passer sur le grill» d'une manière formelle ou informelle ne manquent pas. Lors d'une opération de recrutement, par exemple, dans le cadre de l'entretien et de la batterie de tests qui souvent l'accompagnent. Lors de la période d'essai, temps d'observation réciproque mais

© APEC - Éditions d'Organisation (Groupe Eyrolles]

positif pour les deux partenaires s'ils savent en tirer profit. Puis, une fois l'engagement scellé, le cadre, plus que tout autre salarié est sous-pesé, scruté, examiné, sondé. Pour baliser étroitement son travail ? Sans doute. Mais surtout parce que l'évaluation sert d'abord d'aiguillon à sa mobilité ascendante ou latérale. Pour les «évalués», ces moments ne figureront jamais au «top cinq» des moments les plus agréables ou les plus faciles de leur vie professionnelle. Mais pour l'évaluateur l'enjeu n'est pas non plus des moindres : savoir gérer et développer les ressources humaines de l'entreprise est devenu «*un avantage concurrentiel certain*» et «*un projet stratégique majeur.*», considèrent les professionnels des ressources humaines interrogés par le cabinet de conseil en ressources humaines Aster[1].

L'ÉMERGENCE DE LA NOTION DE « CAPITAL HUMAIN »

Ce n'est d'ailleurs pas un hasard si les notions de «capital humain» et d'éthique investissent progressivement les rapports d'activité de certains grands groupes. Le groupe Suez (173 000 collaborateurs dans plus de 100 pays), dont les trois métiers mondiaux sont l'énergie, l'eau et la propreté, souligne dans son rapport annuel 2000, son engagement pour le «développement durable» comme projet de société devant aboutir à «*concilier les dimensions économiques, sociales et environnementales.*» Chez Würth, le leader mondial de la fixation professionnelle, un groupe actif dans 76 pays au travers de ses 236 sociétés, c'est le capital humain qui est pourvoyeur de valeur ajoutée. Il faut à tout moment, le motiver, le fidéliser et déve-

---

(1) *Entreprise et Carrières. 10-16 juillet 2001. Aster, cabinet de conseil et d'ingénierie en ressources humaines a réalisé cette enquête auprès de 60 entreprises, en mai 2001.*

Francis Leclerc, Dg en management de transition
chez Boyden Interim Executive :

« Discuter de résultats. »

« Chacun évalue ses collaborateurs et est, à son tour, évalué par sa hiérarchie... Une évaluation n'a d'intérêt que lorsque l'on a établi, au préalable
et avec ses supérieurs, une base d'objectifs à atteindre. C'est, en effet, sur
l'établissement d'un certain nombre de critères de performance (économiques, qualitatifs, comportementaux) que l'on est en mesure, avec la
direction, d'analyser le travail accompli. Toute l'utilité de l'entretien d'évaluation, c'est de se retrouver face à son supérieur hiérarchique en discu-
tant des résultats. Pendant une ou deux heures, on s'extrait du quotidien
et l'on travaille sur un certain nombre de points que l'on n'a pas eu le
temps d'approfondir durant l'année. De plus, l'entretien offre à chacune
des parties, la chance d'expliquer sa position. Bref, il permet de mieux
débattre et de préparer l'avenir avec de nouveaux moyens. C'est un bilan
du comportement professionnel de l'individu par rapport à ses objectifs
professionnels, s'inscrivant dans une démarche positive ».

lopper ses compétences. En effet, sur les 2 350 salariés que
compte le groupe en France, on recense 1 650 commerciaux –
un chiffre impressionnant. Cette force de vente démarche
chaque année 150 000 patrons de PME-PMI, d'artisans, plom-
biers, électriciens, garagistes... dans un périmètre de cinquante
à quatre-vingts kilomètres autour de leur domicile, pour préserver la proximité avec le client et... la vie familiale ! Tous ces
collaborateurs *méritent respect et considération. Et notamment reconnaissance.*, explique Reinhold Würth, le président
du comité consultatif du groupe. Aussi l'entreprise les sonde-
t-elle régulièrement : sont-ils satisfaits de l'emploi qu'ils exer-

cent, des prestations sociales que leur entreprise leur offre, se sentent-ils motivés...? Le rythme fréquent des évaluations (hebdomadaire, mensuel, semestriel, annuel) du moins pour les commerciaux, permet de soulever toutes sortes de questions et d'y apporter une réponse. Par la formation par exemple. Ou la promotion interne. *«Bien sûr, lors de ces rencontres, nous abordons la question du salaire. Mais nous insistons, plus particulièrement, sur les aptitudes professionnelles et sur l'identification des besoins en formation du salarié*, explique Luc Greth, DRH. *«L'entretien de développement»* est un *moment privilégié pour formuler ses souhaits d'évolution verticale ou transversale. Exemple: passer d'un poste de commercial vers le marketing.»*

DÉVELOPPER LES RESSOURCES HUMAINES POUR RESTER COMPÉTITIF

Sodexho, par exemple, le numéro 1 mondial de la restauration collective, fonde sa réussite sur la valeur de ses collaborateurs. *«Les femmes et les hommes sont la grande force de Sodexho.»*, ne cesse de répéter Pierre Bellon, le P-dg du groupe créé en 1966. Un credo largement repris, avec force conviction, par l'encadrement. Le groupe se donne pour – vaste et ambitieuse – mission de développer à tous les niveaux l'initiative et l'esprit d'entreprise; de perfectionner ses collaborateurs par la formation et l'apprentissage; de les motiver, les associer aux performances de l'entreprise; d'identifier les compétences, de détecter les jeunes à potentiel, de promouvoir les meilleurs et de faire émerger de nouveaux entrepreneurs. Au cours du rendez-vous annuel d'appréciation, les cadres sont invités à exposer les actions qu'ils ont mises en œuvre pour réaliser ces objectifs. *«Le développement des ressources humaines est notre*

13

principal avantage compétitif. », insiste Pierre Bellon. La direction des ressources humaines de Sodexho, analyse d'ailleurs avec la plus grande attention, la totalité des entretiens annuels d'appréciation des cadres qu'elle sait riches d'informations sur les aptitudes (humaines) de l'entreprise à pousser plus loin sa croissance. Un autre géant, de la photo celui-là, Kodak, s'appuie, lui aussi, sur l'évaluation des performances de ses salariés cadres et non-cadres pour ajuster les compétences à sa stratégie globale. De son côté, EDF a dû perfectionner ses outils d'évaluation de ses cadres et agents, lorsque de monopole français de service public, il est devenu entreprise concurrentielle européenne. Face à la multiplicité des enjeux qui reposent désormais sur l'évaluation, les entreprises se devaient donc de dépasser le stade de l'exercice annuel pour entrer dans l'ère des politiques d'évaluation chargées de stratégies et dotées d'outils sophistiqués. Même si la bonne vieille méthode qui consiste à observer « en cachette » ou d'une manière informelle, est loin d'être révolue !

Observer en cachette... une méthode qui marche toujours.

© APEC - Éditions d'Organisation (Groupe Eyrolles)

LES CADRES N'AIMENT PAS VRAIMENT ÊTRE ÉVALUÉS

Habitué à jouer le rôle de l'évaluateur (l'une des missions de tout manager), le cadre rechigne à franchir la barrière pour rejoindre, son tour venu, la cohorte des « évalués ». Pourquoi ne craindrait-il pas, lui aussi, de devoir vivre une remise en cause douloureuse, malaise parfois amplifié par la peur d'être noté « à la tête du client » ? Aussi, qu'elle soit l'affaire de deux ou de plusieurs partenaires, l'évaluation exige un savoir-faire conforté par un minimum de pratique. Ne serait-ce que pour éviter que le face à face d'un entretien ne vire au règlement de comptes : il est parfois difficile pour l'évalué comme pour l'évaluateur, qui se côtoient dans l'entreprise à longueur d'année, de s'apprécier sans une once de subjectivité. Conscientes de la difficulté d'une évaluation objective, sans préjugés, comme du danger de confier la mesure des performances (y compris les performances com-

15

portementales) à des non-initiés, les directions des ressources humaines sont de plus en plus nombreuses à former leurs hiérarchiques aux techniques d'entretien de recrutement et d'entretien annuel d'appréciation (importance de l'environnement, questions à poser et à proscrire, attitude à adopter, manière de conclure l'entretien…). Une pratique à encourager et qui devrait d'ailleurs être proposée à *« l'ensemble des personnels concernés par l'évaluation : les évaluateurs pour leur apprendre à mener ce type d'entretien bien particulier ; les évalués pour les aider dans leur préparation. Notamment sur la manière de concevoir et présenter de futurs objectifs. »*, conseille Jean-Luc Olivaux, consultant et animateur des bilans « Perspectives » de l'Apec.

PAS INCOMPÉTENT, MAIS PAS À LA BONNE PLACE

Pour vaincre les préjugés et rétablir une certaine confiance de leurs salariés, certaines entreprises vont jusqu'à éliminer complètement le mot évaluation de leur vocabulaire. Par exemple, comme c'est le cas chez Würth, en rebaptisant « entretien de développement » le classique entretien annuel. Würth espère ainsi fixer les esprits sur « les axes de progrès ». EDF parle « d'appréciation des performances » avec, pour objectif, de déboucher sur un plan de formation et/ou de nouvelles perspectives de carrière. Socomec, fabricant d'interrupteurs industriels et d'onduleurs a choisi « l'entretien professionnel individualisé » diminuant ainsi le risque de toute référence aux jugements personnels et à l'idée de sanction du juge. Ce qui n'est aucunement son but comme on le rappelle chez Sodexho : *« L'évaluation permet de dire qu'un salarié n'est pas forcément incompétent, mais qu'il n'est pas à la bonne place. »* Reste qu'un collaborateur régulièrement évalué comme non performant peut, un jour ou l'autre, être «invité» à quitter son entreprise : *« Mieux vaut un départ bien géré qu'une mise au placard où l'on perd de sa valeur professionnelle et de son employabilité*, répond François Humblot. *Mais il n'est pas bon de lier directement le départ d'un salarié à l'évaluation. Ce n'est pas son but !»*

Pour s'être maintes fois prêté au jeu, tantôt comme évaluateur, tantôt comme évalué, Olivier S., cadre dans le secteur énergétique, pense qu'une évaluation peut s'effectuer – et se terminer – plus ou moins bien, selon la personnalité de celui qui la conduit. Si la personnalité de l'évaluateur est «très structurée», l'appréciation se fondera sur une trame très élaborée. Dans le cas contraire, elle se fera *« au fil de l'eau »*, confie-t-il avec malice. Ce qui n'est ni un bon indicateur du degré de maîtrise de l'exercice, ni des prolongements attendus ou espérés par l'évalué. Olivier S. sait de quoi il parle : il a connu différentes versions de la «grande rencontre annuelle» du N avec son N + 1. Un face à face durant lequel on dresse le bilan du travail accompli, avant de conclure sur la liste des objectifs au programme de l'année à venir. Très réservé sur l'ensemble de ces techniques, Olivier S. ne trouve guère matière, non plus, à se rassurer avec le déjà fameux 360° qui expose au jugement des collaborateurs, des subordonnés, des supérieurs hiérarchiques, des clients, des fournisseurs : *« Un vrai casse-gueule qui sollicite l'avis d'un grand nombre de personnes et de n'importe qui !»*, commente-t-il.

Le regard de Patricia Mabilleau, aujourd'hui Ingénieur d'affaires, chez Laser Com SA est plus serein. Cette ancienne de Rank Xerox (elle y a gravi les échelons avec pour seul bagage,

> Gare aux évaluations au fil de l'eau !

un BTS d'informatique) a vécu «*positivement*» le passage obligé par une série de tests psychotechniques, à chaque nouvelle étape de son ascension professionnelle. Y compris ce fameux assessment center qui devait valider (ou infirmer) son aptitude à encadrer une quinzaine de technico-commerciaux. Patricia n'est pas du genre à craindre l'épreuve du miroir. Elle regrette seulement cette difficulté «*typique de la mentalité française*» à dire les choses en face. Elle se souvient encore de ce technicien en informatique qui croyait fermement à sa reconversion dans le métier de commercial, parce qu'il l'avait toujours demandée et n'avait jamais rencontré la moindre objection de la bouche de ses évaluateurs...

QUAND IL FAUT ENTRER DANS DES CASES

Jean G., non plus, ne supporte pas «*l'hypocrisie*» de certains échanges à fleuret moucheté. Cadre supérieur, habitué à une certaine proximité avec la hiérarchie qui caractérise la PME, il s'est retrouvé relégué à l'arrière banc des nombreux salariés du troisième gazier mondial, suite au rachat de son entreprise. Résultat: une marge de manœuvre sur le terrain considérablement rétrécie, un budget rogné et des prises de décisions soumises à l'approbation de plusieurs supérieurs hiérarchiques! Pas facile d'obtempérer et de se laisser passer «le fil à la patte» quand on a longtemps fonctionné en électron libre. Difficile, également, de changer du jour au lendemain des réflexes professionnels acquis de longue date. Le rappel à l'ordre est vite arrivé: convié à un entretien d'évaluation, Jean G. le terminera en claquant la porte «*parce qu'on m'expliquait qu'il fallait désormais entrer dans des cases*»... Jean a préféré devenir (ou rester) son propre patron en créant sa petite entreprise.

Cette peur de «la dictature des cases» prévaut également

© APEC - Éditions d'Organisation (Groupe Eyrolles)

chez tous ceux qui ont pâti de la vogue de la gestuologie, la psychomorphologie, la numérologie, l'astrologie et autres méthodes, inspirées, pour la plupart, par la voix de l'irrationnel. Fort heureusement, au fur et à mesure qu'elle s'affirme dans les entreprises, l'évaluation élabore son code de déontologie. L'entretien, quant à lui, reste l'outil privilégié. D'autres techniques, en revanche, comme le 360° et l'assessment center sont très utilisées par les entreprises. Christian Balicco[1] qui n'hésite pas à qualifier l'assessment center de «Rolls de l'évaluation», explique le succès de ces trois méthodes par la multiplicité des critères qu'elles convoquent et pour leur capacité à augmenter le degré de fiabilité et de précision de l'évaluation. Un assessment center, par exemple, est réalisé en relation étroite avec les caractéristiques du poste de travail. Les exercices sont centrés sur l'observation et l'évaluation du comportement dans des situations proches de la réalité professionnelle.

---

(1) Christian Balicco. Docteur en psychologie et consultant en Ressources Humaines et auteur de : « Les méthodes d'évaluation en ressources humaines. La fin des marchands de certitudes », 2002, Éditions d'Organisation.

UNE POSSIBLE UNIFORMITÉ DES PRATIQUES D'ÉVALUATION ?

déalement, l'existence de techniques reconnues comme le 360° ou l'assessment, devrait permettre à toutes les entreprises, grandes, moyennes et petites, de pratiquer l'évaluation de la même manière. Une vision pourtant qualifiée de *« purement idéale »*, par Nathalie Loux, consultant international pour Franklin Covey, le numéro 1 en management et leadership aux USA. Et, si l'on en croit François Humblot, pour lequel *« Tout reste à faire dans les PME ! »*, on est encore loin d'une possible uniformité des pratiques. Comment cela serait-il d'ailleurs possible ? Rien que pour le traditionnel entretien annuel d'appréciation, on sait que tous les évaluateurs ne sont pas formés à l'usage de l'outil, que sa philosophie est diversement appréciée, que les grilles d'évaluation peuvent se révéler inappropriées… Salaire et prime dictent parfois l'ordre du jour au lieu d'élargir l'entretien aux aspects qualitatifs tels que le degré d'intégration dans l'entreprise, les besoins en formation ou les souhaits d'évolution.

Mais il est vrai, aussi, que les questions de mobilité horizontale ou verticale se posent différemment selon que l'on travaille dans une petite ou une grande entreprise dans laquelle les perspectives d'évolution professionnelle et salariale sont généralement connues à l'avance. Autre handicap de la PME (qui conserve, par ailleurs, les atouts qui lui sont traditionnellement reconnus : polyvalence des postes, proximité du terrain et plus grande clarté des missions...) : elle manque de temps et de moyens à consacrer au management. Le DRH, est souvent le chef d'entreprise lui-même, trop absorbé par la gestion quotidienne. Comme le regrettent la plupart des concernés : *« Nous avons le nez dans le guidon, tout le temps. »* Ce qui ne signifie pas que l'évaluation soit inexistante. Non. Mais elle se fait de manière plus informelle, au feeling, sur des critères jugés, un temps donné, fondamentaux pour la vie de l'entreprise : le nombre d'absences pour congés maladie, la propension à proposer des idées pour résoudre les problèmes, à effectuer des missions non prévues dans le contrat de travail, le comportement coopératif ou fermé au groupe, l'affinité avec le hiérarchique... !

> Dans les PME, l'évaluation est plus informelle.

La start-up, elle, fait figure de marginale. Il y est fréquent d'accéder rapidement à de hautes responsabilités en dépit de l'absence de règles d'évaluation et d'évolution des salariés. Un chef de projet peut devenir responsable marketing en moins d'un an. Et réactivité oblige, les équipes se construisent et durent le temps d'un projet. Non sans perdre quelques collaborateurs en route. Mais les rescapés de la Nouvelle Économie, ceux qui ont su résister à l'explosion de la bulle du Net,

L'entretien d'évaluation s'appelle aussi :

Entretien ou bilan annuel individuel,

Entretien d'évaluation,

Entretien d'appréciation,

Entretien d'activité,

Entretien d'évaluation des performances,

Entretien de développement,

Entretien de progrès,

Entretien professionnel personnalisé.

au printemps 2000, découvrent à leur tour l'importance des grandes stratégies en même temps qu'ils renouent avec la rigueur financière et même la rentabilité. Reprenant à leur compte les modèles de la «vieille économie», les dirigeants de start-up se donnent les moyens de construire des modèles d'organisation durables. Est-ce par hasard que, interrogés[1] sur les facteurs qui pourraient entraîner l'échec de leur projet, ils évoquent à 77 % (et bien avant la concurrence), les risques liés à une gestion interne déficiente ?

QUAND LES START-UP DÉCOUVRENT LES RESSOURCES HUMAINES

Et les derniers chantres de l'aventure pure et dure, risquent tôt ou tard d'être rappelés à l'ordre par ces fameux «Venture Capitalists» (VC) qui ne concèdent plus à ouvrir les cordons de la bourse au premier business plan venu, sans une garantie réelle – et non virtuelle – d'un retour sur investissements. Qui plus est, ces investisseurs épaulés par des

---

(1) *Étude réalisée par Zen Factory, la structure Netéconomie du Groupe Europe, cabinet conseil en management, à partir du marché US et complétée par des entretiens avec quarante start-up françaises. 2001.*

© APEC - Éditions d'Organisation (Groupe Eyrolles)

cabinets conseils en management, s'immiscent désormais dans la gestion de leurs jeunes pousses et y imposent la rigueur du management : constitution de comités de direction, planification des recrutements à l'international... certaines Dotcom à l'instar de Zebank, la banque virtuelle, qui compte comme actionnaires fondateurs le Groupe Arnault et Dexia, ont recruté un directeur des ressources humaines. Et même « signé un accord sur les 35 heures », comme l'avait annoncé fièrement, à l'automne 2001, Karen Altuzarra, directeur développement des ressources humaines, sur les ondes de BFM (et le site MediaRH). Alors que la banque en ligne n'avait pas encore deux ans d'activité. D'autres (comme Asyrès) commencent même à instituer l'entretien annuel d'évaluation ! Bref si toutes les directions de ressources humaines n'ont, faute de moyens, mis en place des outils d'évaluation sophistiqués, la nécessité de sonder, de connaître... d'évaluer le capital humain ne fait plus de doute pour personne !

© APEC - Éditions d'Organisation (Groupe Eyrolles)

À lire :
• «Apprécier et valoriser les hommes», par Pierre Caspar et Jean-Guy Millet, 1995, 292 pages, Éditions Liaisons. 35,06 €
• «Les tests de recrutement à la loupe», par M. Bernié et A. d'Aboville, 2000, 160 pages, Éditions d'Organisation. 9,30 €
• «L'évaluation des entreprises», par Emmanuel Tchemeni, 1998, 112 pages, Economica. 7,47 €
• «Pilotage des compétences et de la formation», par Pierre Massot et Daniel Feisthammel, 2001, 204 pages, Afnor. 39 €

Sites Internet :
www.chez.com/recrutement/: site dédié aux outils de recrutements et d'évaluation.
www.salaireonline.com : sur ce site d'offres d'emplois et de stages, vous trouverez une rubrique consacrée à l'évaluation de la rémunération.
www.competencespro.com/: site dédié à l'évaluation et à la gestion des compétences.

Qui peut vous aider ?
Pour aider les entreprises à optimiser leur politique d'évaluation, l'Apec organise dans le cadre de ses sessions «Perspectives», des formations de une à trois journées. Elles sont destinées aux managers pour bien conduire leurs entretiens et les aider à définir les critères mesurables d'évaluation spécifiques.
www.recruteurs.apec.fr

> ÊTES-VOUS PRÊT À ÊTRE ÉVALUÉ?[1]

Les entreprises utilisent des méthodes d'évaluation des salariés, dans le cadre du recrutement, de la mobilité, du développement... êtes-vous prêt à être évalué?

1/ Quelles sont les méthodes d'évaluation les plus fiables?

a) l'entretien .... ❏

b) la graphologie .... ❏

c) les tests d'aptitude .... ❏

d) l'astrologie .... ❏

e) les questionnaires de personnalité, comme le 360° .... ❏

f) les mises en situation .... ❏

2/ Quels sont les critères auxquels ces méthodes doivent répondre?

a) fidélité.. ❏

b) praticité .... ❏

c) rapidité .... ❏

d) validité .... ❏

(1) Questionnaire publié par *Courrier Cadres*

3) Comment vérifier qu'une méthode répond à ces critères ?

a) en lisant la presse grand public .... ❑

b) en contactant l'entreprise qui la commercialise .... ❑

c) en demandant des articles parus dans des revues
scientifiques .... ❑

d) grâce aux livres de vulgarisation .... ❑

4) À quoi servent les méthodes d'évaluation ?

a) à développer les personnes .... ❑

b) à exclure .... ❑

c) à cataloguer .... ❑

d) à orienter .... ❑

5) Que puis-je attendre en retour de mon évaluateur ?

a) rien .... ❑

b) ses remerciements .... ❑

c) une restitution détaillée de mes résultats .... ❑

d) un retour d'information .... ❑

**6) Comment fait-on pour mesurer le degré de mes caractéristiques
lorsque l'on me soumet à une méthode d'évaluation objective ?**

a) cela se voit .... ❑

b) on me compare à d'autres personnes .... ❑

c) l'évaluateur s'y connaît .... ❑

**7) Lors d'un questionnaire de personnalité ou d'un test d'apti-
tude, ai-je intérêt à jouer le jeu ?**

a) oui .... ❑

© APEC - Éditions d'Organisation (Groupe Eyrolles)

b) non .... ❏

c) sans importance .... ❏

8) Lors d'une évaluation, est-ce que je ne risque pas d'être catalogué ?

a) oui, car je suis jugé sur des résultats et des notes .... ❏

b) non, car un ensemble d'indicateurs, les méthodes objectives entre autres nuancent et affinent le point de vue de l'évaluateur .... ❏

9) Sous quel angle cherche-t-on à m'évaluer ?

a) psychologique .... ❏

b) professionnel .... ❏

c) sous tous les angles, plus on me connaît mieux c'est .... ❏

10) Dans le cadre d'un recrutement ou d'une mobilité interne, quel rapport existe-t-il entre mon évaluation et la fonction que je dois occuper ?

a) Aucun. L'entreprise cherche seulement à me connaître .... ❏

b) Ma personnalité, mes motivations et mes aptitudes intéressent l'entreprise, quelle que soit ma fonction .... ❏

c) Une définition de fonction précise permet de savoir quelles caractéristiques l'entreprise attend de moi .... ❏

11) Les méthodes objectives d'évaluation :

a) ne sont pas fiables à 100 % .... ❏

b) sont fiables à 100 % .... ❏

c) elles ont une meilleure fiabilité que la plupart des autres méthodes .... ❏

RÉPONSES

1/ c), e) et f)

Les tests d'aptitudes, les questionnaires de personnalité et les mises en situation sont parmi les méthodes les plus utilisées.

Elles répondent à des critères objectifs et quantifiables.

2/ a) et d)

Pour être efficace, une évaluation doit être pérenne.

En clair, le même test doit être effectué sur le même échantillon de personnes, à intervalles réguliers.

3/ b) et c)

Toute entreprise qui conçoit et commercialise des tests doit publier les résultats de ses recherches dans des revues spécialisées en psychologie et, dans des manuels d'aide à l'utilisation des tests et questionnaires.

4/ a), c) et d)

Mais d'autres réponses sont également possibles. Une entreprise peut utiliser des méthodes pour recruter.

L'objectif est toujours de valoriser et non de sanctionner.

5/ c) et d)

L'évaluateur doit restituer et expliquer les résultats de votre évaluation, dans le cas d'un questionnaire ou d'un test, ou vous faire une synthèse s'il s'agit d'un entretien.

6/ b)

Les méthodes objectives mesurent des caractéristiques individuelles en comparaison à une population de référence. La parti-
cularité d'une personne n'a de sens que comparée au
comportement des autres.

7/ a)

Dans un questionnaire de personnalité, il n'y a pas de bonnes ou
de mauvaises réponses. Dans le cas d'un test d'aptitude, la sanction sera immédiate, puisque les réponses sont bonnes ou
fausses. Une mauvaise prestation pénalise le candidat.

8/ b)

C'est le travail d'un professionnel que d'analyser des résultats.
Pour cette raison notamment, les méthodes objectives nécessi-
tent une formation.

9/ b)

Dans l'entreprise, seuls les critères professionnels doivent intéresser l'évaluateur.

10/ c)

Une entreprise doit s'attacher à évaluer ce qui est important
pour le poste.

11/ a) et c)

La validité des méthodes d'évaluation ne dépasse pas 60 %. Ces
méthodes aident surtout à réduire les risques inhérents à l'évaluation des personnes.

Chapitre **2**

DE L'ÉVALUATION À LA SÉLECTION

© APEC - Éditions d'Organisation (Groupe Eyrolles)

Vous n'y êtes pas encore entré que l'entreprise vous juge : un entretien de recrutement c'est bien de l'évaluation ? Justement, dans le cadre d'un entretien de recrutement, l'entreprise évalue-t-elle de la même manière un jeune diplômé qui n'a que quelques stages à son actif et un senior qui aligne les années d'expérience ? Comment préjuge-t-elle, ensuite, des capacités d'un salarié à réussir une mobilité ? Comment, détecte-t-elle, enfin, ses élites ? Réussir un recrutement, encourager une mobilité, pointer les surdoués qui feront les dirigeants de demain... l'évaluation est un sésame : pas de recrutement sans un entretien réussi. Pas de brillant avenir, non plus, sans un fort potentiel !

JUNIORS, SENIORS, DES ATOUTS DIFFÉRENTS

« **C** *'est immédiat ! C'est le premier réflexe* »... Tout jeune diplômé convoqué à un entretien de recrutement réagit de la même manière : après la joie de la – bonne – nouvelle, succède le premier trac professionnel : celui du premier face à face avec un recruteur. Pourtant, si ce jeune diplômé est convoqué en entretien, c'est bien qu'il vient de marquer un premier point, évitant à son CV d'être écarté de la sélection. Oui mais, un entretien c'est aussi une... évaluation, non ? Aussi, quand on n'est « que » jeune diplômé, il est normal de se demander sur la base de quels critères on va bien pouvoir vous évaluer... « Mon diplôme ne leur suffit pas ? »

Eh non, cela ne suffit pas ! Les recruteurs veulent en savoir plus. Et vous de vous questionner : « Quelle est la valeur de mon diplôme sur le marché » ? « Suis-je vraiment à la hauteur des attentes » ? « Ferai-je le poids face aux autres candidats » ? « Comment me distinguer d'eux ? », « Même mes hobbies n'ont rien de singulier »... Surtout : « Comment argumenter sur les compétences requises alors que mon pedigree se résume à une maigre poignée de stages ? »... Angoissant, en effet !

Mais, à première vue, seulement. Car il n'existe, en effet, aucune raison objective de céder à la panique. *A fortiori* si vous considérez cet entretien du point de vue de l'évaluateur : que veut-il savoir de vous et dans quels objectifs ?

LES DIPLÔMES C'EST BIEN ; UN DÉBUT D'EXPÉRIENCE C'EST MIEUX

Premier de vos atouts – ce n'est pas le moindre : la durée de recherche d'emploi des jeunes diplômés s'est considérablement réduite ces dernières années (selon l'enquête sur l'insertion des jeunes diplômés, réalisée annuellement par l'Apec[1], un jeune diplômé sur deux trouve un emploi en moins de trois mois). Pour autant, rien ne saurait pallier le manque d'une première expérience professionnelle. D'autant que, on l'a vu au lendemain de l'attentat des Twin towers (même si le recul s'était amorcé quelques mois auparavant), le marché de l'emploi peut « se retourner » et se ralentir. Il suffit donc que les entreprises resserrent leurs bras, pour que les jeunes diplômés soient obligés de conforter leurs CV de quelques références professionnelles susceptibles de convaincre les recruteurs. Et comment les convaincront-ils ? *« Essentiellement sur le contenu des stages effectués*, répond un directeur des ressources humaines. *Nous connaissons la plupart des diplômes et le type de formation que possèdent ceux qui les ont acquis. En revanche, la manière dont un jeune diplômé va nous parler de ses stages et des expériences qu'il a acquises en termes de connaissances et de savoir-être, est déterminant. »*... Certes, les prévisions en matière d'emploi cadre sont optimistes. On parle même de risque de pénurie de

---

(1) L'Apec (Association Pour l'Emploi des Cadres) a interrogé, en avril 2001, plus de 4 000 jeunes diplômés d'un niveau d'études au moins égale à Bac +4 et inscrits à l'Apec, deux ans plus tôt.

33

Nous partageons les mêmes valeurs

On sait l'importance de l'adéquation entre d'une part, les pratiques et les valeurs d'une entreprise et, d'autre part, la représentation que le salarié se fait de son travail et de sa carrière dans cette entreprise. Partant de ce constat, le cabinet conseil Futurestep Korn-Ferry international a lancé un système expert, sans doute l'un des plus sophistiqués à l'heure actuelle (http://www.futurestep.fr), qui vise à rapprocher des candidats et des recruteurs sur la base d'une communauté de culture. L'outil -il a nécessité un investissement de 22,87 M € (150 MF) et la collaboration de plusieurs universités américaines- offre aux entreprises la possibilité d'exprimer, sur le net et à l'aide d'un large questionnaire dont le chapitre le plus important (36 questions) est dédié au profil culturel de la société. À chacun des items proposés, le recruteur doit indiquer le degré d'im-portance qu'il accorde aux caractéristiques culturelles de l'organisation. Exemple: question 7: «Dans votre organisation, y a-t-il fréquemment constitution d'équipes informelles et ponctuelles?» ou encore question 34: «En général, la majorité des collaborateurs semble penser que: a) la stratégie actuelle est efficace; b) la structure actuelle fonctionne correctement; c) le système actuel d'évaluation et de récompense est adapté; d) ils sont motivés et satisfaits?

Le deuxième volet du système cible les candidats auxquels il propose des évaluations «on line», afin qu'ils précisent leurs attentes. Au final, un croisement est opéré entre les attentes des deux parties. Le candidat est alors chassé par un consultant du cabinet conseil, quelle que soit son implantation dans le monde...

compétences. Selon le scénario de l'Apec[1] – Association Pour l'Emploi des Cadres –, ce sont quelque 440 000 cadres qui risquent de faire défaut en 10 ans (2002-2010) pour l'ensemble de

---

(1) « 2002-2010 : va-t-on vers une pénurie de cadres ? ». *Étude Apec*

© APEC - Éditions d'Organisation (Groupe Eyrolles)

l'économie (secteurs public et privé) soit un déficit annuel d'environ 40 000 cadres. Un déficit qui trouve son origine dans le départ à la retraite massif des baby-boomers.

Pour autant, ces perspectives, très réconfortantes pour les jeunes générations, ne doivent pas dispenser chaque jeune postulant, de se livrer à un véritable exercice d'auto-évaluation : réexamen des stages et des formations, des expériences et des connaissances acquises en distinguant « savoir » et « savoir-faire » qui seront étayés de réalisations concrètes. De ce bilan se dégageront les points pertinents, ceux susceptibles d'intéresser le recruteur qui, lui, évalue toujours le candidat par rapport à un poste, une mission. Il va de soi qu'une véritable auto-évaluation exclut les généralités, tout ce qui pourrait faire qu'un candidat ressemblera à un autre. En effet, un candidat dispose d'autant de manières de se présenter qu'il existe de postes potentiellement accessibles pour lui. C'est dire. Aussi, plutôt que de mettre en avant votre stage dans un groupe de renommée internationale, au service Recherche & Développement, exposez, même brièvement, le contenu des missions que l'on vous a confiées et les résultats obtenus, si minimes puissent-ils paraître.

« CE QUE JE VEUX, C'EST GAGNER DE L'ARGENT ! »

Plus difficile en revanche, d'évaluer, soi-même, ses motivations pour un poste, pour une entreprise. Voilà sans doute pourquoi nombre de jeunes candidats se contentent en entretien, d'un : « Votre entreprise m'intéresse, j'ai très envie d'y travailler... elle est dynamique ». Mais ce n'est pas à l'aune de telles « convictions » que le recruteur peut évaluer l'intérêt et le degré d'engagement d'un candidat. *« Je préfère celui qui m'af-*

COMMENT ÉVALUER UN COLLABORATEUR

firme sans ambages: ce que je veux c'est gagner de l'argent, plutôt que celui qui, après avoir tourné autour du pot me suggère, sur le ton de la confidence, que passer deux ou trois ans dans cette entreprise, ça ferait bien sur son CV. Vous savez, vouloir gagner de l'argent, ce peut être une bonne motivation!», assure ce recruteur. En fait, en testant, lors d'un entretien, les motivations d'un candidat, le recruteur met à – première – épreuve, sa capacité d'adaptation, sa détermination à évoluer dans son entreprise.

De l'expérience, vous en trouverez encore à la rubrique «divers» ou «hobbies» de votre CV: activités et responsabilités (s'il y en a) au sein d'associations, pratique d'un sport de compétition, individuel ou collectif. Mais là encore, il faut que ces expériences viennent se placer dans la perspective d'un poste. *«Une activité associative vous a donné l'occasion de gérer les fonds d'une petite structure: décrivez-la dans le détail si vous cherchez un emploi dans les finances ou la gestion. Sinon, mentionnez-la plus brièvement.»*, conseille l'Apec[1]. L'évaluateur retiendra de ces activités qu'elles vous ont permis de développer certaines compétences qui pourront s'avérer très utiles dans la sphère professionnelle: investi dans les associations caritatives, vous êtes ouvert à autrui; acteur amateur, vous savez prendre la parole en public et ne craignez pas de vous exposer au regard des autres… Autant d'informations précieuses qui permettent d'évaluer un potentiel!

Potentiel, le mot est jeté. Car, concernant un jeune diplômé,

> Permettre aux recruteurs d'évaluer votre potentiel.

---

(1) « Objectif premier emploi », 2001, Apec/Éditions d'Organisation. 15 €

36

Nadine Ferdinand, consultante chez Futurestep Korn-Ferry, cite les comportements qui vous inscrivent à la hausse.

Marquer des points en entretien de recrutement

- Bien sûr, soyez à l'heure ou prévenez d'un retard éventuel.
- Prenez le temps d'écouter votre interlocuteur. Vous faîtes ainsi preuve de capacité d'écoute et de sociabilité et éviterez de partir dans de mauvaises directions. Rien ne serait plus fâcheux que de répondre hors sujet.
- Respectez les temps de parole qui vous sont accordés.
- Structurez le contenu de votre discours. Prouvez qui vous êtes et ce que vous faites à l'aide d'exemples vécus. L'approche factuelle diminue les risques de méconnaissance et dresse le profil du candidat.
- Dépasser le stade descriptif du poste : replacez-le dans un contexte, dans une perspective.
- Restez franc, n'essayez pas de tricher. Relater une situation d'échec peut, paradoxalement, valoriser votre candidature.
- À propos des tests, restez franc. Moins on en connaît, plus on se comporte de façon naturelle et plus les résultats sont fiables.
- Choisissez un vêtement dans lequel vous vous sentez à l'aise et qui vous ressemble dans votre « être professionnel » actuel. Tenez compte, mais sans trop en faire, du poste recherché et des « codes » de l'entreprise ou du secteur d'activité que vous briguez.
- Personnellement, je ne déduis rien d'une poignée de main, mais votre façon de vous mouvoir dans l'espace, de dire bonjour, de prendre congé de votre interlocuteur, d'avoir ou non le sourire sont source d'enseignements.
- Ne pas négliger les entretiens informels avec les assistants, lors de la prise de rendez-vous ou de contacts téléphoniques divers.

l'évaluateur ne peut pas se référer à un bagage professionnel comme il le ferait avec un senior. Aussi cherche-t-il à sonder des « possibilités », des « talents », et à les mettre en regard d'un profil requis, d'un poste précis, dans une entreprise et un secteur d'activité spécifique. Dans le secteur bancaire par exemple, les métiers ont fortement évolué. Sous l'influence des nouvelles technologies de l'information et de la communication, les recruteurs sont à l'affût de jeunes candidats à fort potentiel commercial. Et pour cause : les opérations classiques comme le retrait de liquidités ou les versements aux guichets sont prises en charge par les distributeurs automatiques. L'ancien «guichetier» a cédé la place à un vendeur multi-produits financiers. Ce banquier des temps modernes assure ses clients, particuliers et entreprises, il gère leur portefeuille en bourse, fait fructifier leur patrimoine, garantit leurs investissements financiers. Il prend à chaque moment des décisions qui engage lourdement son entreprise.

C'EST LE MANAGER QUI PREND LA DÉCISION DE RECRUTER

À l'instar des autres banques, le Crédit Mutuel a diversifié ses marchés : *«Nous intervenons auprès des PME-PMI, du commerce et de l'artisanat... Nous avons donc besoin de chargés de clientèles spécifiques,* explique Jean-Claude Bach, le directeur des ressources humaines. *Ce type de métier représente 75 % de nos effectifs.»* Chaque année, l'établissement recrute en grand nombre de jeunes diplômés d'un niveau minimum Bac + 2, en vue de les préparer aux postes de chargés de «clientèle du particulier». Les jeunes recrues suivent une formation par alternance de douze mois, dispensée par l'école du Crédit Mutuel, et complétée par un stage au sein d'une caisse régionale.

La finalisation du recrutement dépend des résultats obtenus lors de la formation et des *«impressions»* laissées au passage dans l'agence où le stage est effectué. Le manager joue un rôle

DE L'ÉVALUATION À LA SÉLECTION

majeur dans l'élaboration du scénario final ! C'est lui, et non le DRH, qui donne le feu vert à la signature d'un contrat. Sa décision finale est dictée par l'observation du candidat durant la période d'essai : a-t-il été ouvert à l'équipe ? S'est-il intégré sans difficultés majeures ou particulières ? Quelle a été la qualité de ses relations avec la clientèle ? A-t-il fait preuve de curiosité sur son environnement professionnel, sur la concurrence, sur les méthodes de travail en interne ? A-t-il progressé dans ses acquis professionnels ? A-t-il apporté un plus à l'équipe en place ? Cette période d'essai est également utile aux candidats, elle leur donne l'occasion de vérifier la validité de leur projet professionnel. *« En effet, certains découvrent leur aversion pour les chiffres à hautes doses ou se faisaient une idée, différente de la réalité, des métiers de la banque. »*, constate Jean-Claude Bach. Une auto-évaluation *a posteriori*, en quelque sorte !

> « Certains se font une idée de leur métier, différente de la réalité. »

Ce n'est pas parce qu'on appartient à la catégorie des cadres confirmés, expérimentés, seniors… que l'on est dispensé d'une analyse de comportement, lors d'un recrutement par exemple. À elles seules, les années d'expérience ne sauraient délivrer un certificat de bon manager ! Comme les juniors, les seniors sont testés, évalués. Et si les résultats de ces « observations » laisse le recruteur perplexe, il peut décider ne pas retenir une ou plusieurs candidatures. Hervé Lhomme, directeur des ressources humaines de Sodexho, confirme : *« Certains dossiers de candidature que nous recevons sont « béton ». Toutefois, et malgré un degré d'expertise indiscutable, si un candidat ne se révèle pas apte au management, il n'entre pas chez nous ! Nous sommes une entreprise de services. Et les qualités essentielles pour réussir dans ce type de métier sont des qualités personnelles et com-*

© APEC - Éditions d'Organisation (Groupe Eyrolles)

portementales: *ouverture d'esprit, convivialité, intérêt porté à autrui.*» Précisons tout de même, que Sodexho transmet son savoir-faire à ses nouveaux salariés, par le biais de la formation interne.

« DANS LE RECRUTEMENT, L'IMPORTANT C'EST D'ÉVITER LE CLASH. »

L'entreprise ne peut être considérée sous le seul angle des compétences qui la composent. Jean-François Jardini, consultant chez Futurestep Korn-Ferry International, en est convaincu. Et il oppose à cette vision *« essentialiste »* la somme de subjectivités divergentes qui font vivre l'entreprise, même si elles s'affrontent dans les jeux de pouvoirs. Au moment de choisir entre plusieurs candidats, son expérience de vingt-sept années au service de l'évaluation dans le milieu du travail, le rend attentif aux êtres et à leur culture. Critères d'autant plus appréciables que la population cadre se caractérise par une certaine homogénéité de niveau de formation et d'acquis professionnels. *« Dans le recrutement, le plus important, c'est de compter le moins de perte à terme. C'est d'éviter le clash !*, affirme Jean-François Jardini. *Toutes les précautions que l'on pourra prendre en ce sens ne pourront l'être que du point de vue subjectif, en jaugeant le degré de proximité entre la culture de l'entreprise ou du supérieur hiérarchique et celle du candidat. Mais aussi du point de vue « éthologique », pour savoir comment le cadre va vivre dans l'entreprise : s'y épanouira-t-il, lui apportera-t-il une valeur ajoutée ?... »*

Les divorces entre les cadres et les entreprises résultent fréquemment de désaccords culturels, d'inadéquation entre, d'une part, les pratiques et les valeurs de l'entreprise et, d'autre part, la représentation que le cadre se fait de son travail ou de sa carrière. Des désaccords difficiles à anticiper, car leurs fondements sont rarement perceptibles, lors de l'entretien de recrutement. C'est pourtant, bien là, l'enjeu réel de ce face à face entre le recruteur et le candidat. Mais il est vrai qu'il est plus facile, pour le premier, de repérer des compétences techniques que de se hasarder – maladroitement parfois – à sonder les profondeurs de l'âme. Quant au second, l'enjeu fait que le naturel n'est pas toujours au rendez-vous…

DES HAUTS POTENTIELS POUR PRÉPARER LA RELÈVE

Préparer la relève des «baby-boomers» est un objectif commun à bon nombre d'entreprises confrontées au vieillissement de la pyramide des âges. Mais, en plus de ce facteur démographique, les entreprises voient leurs métiers se métamorphoser, leurs marchés s'internationaliser et leurs clientèles évoluer. Autant de défis qu'elles doivent relever par un apport de compétences nouvelles. L'actualité économique se fait régulièrement l'écho de campagnes de recrutements massifs opérés dans cette perspective de renouvellement des forces vives. Ainsi, le programme lancé par BNP-Paribas (3500 nouveaux collaborateurs en 2001), destiné à assurer la relève d'une partie de ses troupes dans trois grands domaines d'activité: commerciaux et futurs managers pour la Banque de Détail; analystes, traders, vendeurs, responsables du middle et back-office pour les salles de marché de la Banque de Financement et d'Investissement; chargés d'ingénierie financière, gestionnaires de patrimoine ou chargés de comptes pour la Banque Privée-Gestion d'Actifs. Pour renouveler ces forces vives, le plus facile est encore de puiser dans «son vivier» interne ou de chasser en terrain balisé: écoles de commerce et d'ingénieurs, voire directement chez ses concurrents. La pratique a l'avantage certain de favoriser «les candidats que l'on connaît le mieux» et de pouvoir ainsi les propulser rapidement vers les hautes sphères du management. Au risque cependant de «chasser» les mêmes profils, selon les mêmes critères !

Les grands groupes, parce qu'ils sont présents dans les cours des meilleures écoles, savent repérer les profils «prometteurs», ceux qui ont leurs chances d'accéder à des fonctions de dirigeants quelques années seulement après la fin de leurs études. Certaines entreprises établissent même des conventions de formation avec les écoles dont elles accueillent les étudiants en stage. Une occasion de se connaître mutuellement, de «s'apprécier». D'autres entreprises offrent des bourses d'études aux plus prometteurs ou organisent des séminaires qui réunissent les meilleurs.

CULTIVONS NOS PÉPINIÈRES

En fait, la chasse aux compétences peut prendre des formes très originales. À l'image de celle adoptée par le groupe Stéria (SSII) qui, au printemps 2001, avait programmé une journée «Art et emploi» dans le hall du centre «Georges Pompidou»: présentation des activités du groupe, entretiens d'embauche et visite privée de l'exposition «Picasso sculpteur»! Dans un même ordre d'idée, PriceWaterhouseCoopers s'est distingué en organisant un salon des savoir-faire. Une occasion, bien évidemment, de mettre les siens en valeur. Préférant des méthodes plus classiques – «*Nous cultivons nos pépinières et préparons les*

43

Les hauts potentiels... qu'ont-ils de plus ?

Ils ont entre 30 à 40 ans, affichent au moins une expérience professionnelle réussie et peuvent à un horizon de cinq ans occuper un poste d'encadrement supérieur... Frank Bournois et Sylvie Roussillon, les auteurs de «Préparer les dirigeants de demain», précisent le profil de ceux que l'on nomme les «High-Po»[1].

Quatre caractéristiques sont communément retenues :

• compétences intellectuelles : prise de décision, capacité d'analyse et de synthèse (helicopter view), capacité d'organisation et d'anticipation ;

• compétences interpersonnelles : sens des relations humaines, leadership, auto-organisation, délégation, communication écrite et orale ;

• forte capacité d'adaptation : flexibilité du comportement, résistance au stress, originalité, utilisation visionnaire et pratique des nouvelles technologies de l'information et de la communication ;

• atteinte des résultats : énergie, initiative et innovation, contrôle des avancées, des projets en cours et potentiel global, c'est-à-dire l'expression de sa motivation à être considéré comme un cadre à haut potentiel !

(1) Source : in revue Personnel

embauches en vue de satisfaire des besoins futurs.», explique Jean-Claude Bach, directeur de ressources humaines –, le Crédit Mutuel s'est lancé dans cette politique dès 1994. À l'époque, l'objectif était très différent de celui d'aujourd'hui : *« Nous souhaitions contribuer à la diminution du chômage des jeunes. Depuis, nous continuons pour assurer la relève. »*, précise-t-il. S'ils confirment les espoirs fondés sur eux, les élus aux «pépinières» peuvent prétendre devenir managers d'une équipe commerciale en trois ou quatre ans. Le dispositif de repérage débute par un entretien et un bilan personnel avec la DRH au siège du groupe. On vérifie alors que le candidat répond bien aux critères jugés fondamentaux. En l'occurrence : l'attrait pour l'activité commerciale, pour la négociation, la capacité à animer une équipe, un profil plutôt opérationnel, aimant travailler sur le terrain et aboutir à des réalisations concrètes.

C'est dans cette logique de pépinière, mais à un autre niveau, que se situe la détection de hauts potentiels. Oubliés quelque peu dans les années 90, ils reviennent en force. Mais, signe des temps, ces futurs «hauts placés» sont moins enclins à se dévouer corps et âme à leur entreprise. L'enchaînement des plans sociaux et des épisodes répétitifs de «dégraissages» ont eu pour effet d'affaiblir le contrat de confiance entre les salariés et leur entreprise.

Des hauts potentiels moins enclins à se dévouer corps et âme à leur entreprise.

Contrairement aux jeunes loups des années 80, les jeunes salariés d'aujourd'hui sont soucieux de préserver leur équilibre personnel en même temps que leur développement professionnel. Très pragmatiques, les jeunes cadres d'aujourd'hui «travaillent» au développement de leurs compétences, de leur niveau d'expertise, de leur «employabilité». Ils sont attentifs à la gestion de leur carrière. Lorsque le marché leur sourit, ou qu'une opportunité se présente, ils se montrent donc plus mobiles, plus disponibles que leurs aînés. Aussi, si les entreprises déploient des stratégies de séduction sophistiquées pour s'attirer les meilleurs – et tenter de les retenir –, elles redécouvrent également toute l'efficacité des systèmes de détection et de gestion des «hauts potentiels». Notamment dans le cadre de l'internationalisation des marchés. Même si, comme l'expliquent Frank Bournois et Sylvie Roussillon[1] : *« Lorsque les*

---

(1) « Préparer les dirigeants de demain », par Frank Bournois et Sylvie Roussillon, 1998, 496 pages, Éditions d'Organisation. 30,88 €

équipes sont dispersées géographiquement, il est difficile sans outils formalisés, de repérer les salariés à haut potentiel. »

Pour détecter et jauger ces cadres «évolutifs», la panoplie des méthodes varie selon les entreprises. Le plus souvent, elles s'entourent des conseils d'un cabinet expert. C'est le cas d'EDF-GDF qui implique ses managers dans le dispositif de repérage. Dès que l'un d'entre eux détecte dans son équipe un cadre «évolutif», il le signale à la direction des ressources humaines, laquelle entame une phase de validation des «pressentiments». *« Le cadre passe alors un entretien construit sur la base d'une grille spécifique, explique Cécile Etrillard, chef de projet ressources humaines. Un deuxième entretien croisé est ensuite mené par un deuxième manager de haut niveau. Si les deux entretiens sont concluants, nous invitons le cadre à passer par un assessment center* (simulations et tests réalisés dans un temps très court) *préparé par un organisme professionnel extérieur qui validera – ou infirmera –, à son tour, la détection. Dans l'affirmative, le cadre est inscrit sur nos tablettes et envoyé dans le toboggan ! Dans le cas contraire, on le réoriente. Mais rien n'est jamais acquis. Et pour certains, les retours sur le terrain peuvent être très douloureux ! »*

SE FAIRE REPÉRER PAR LES HIÉRARCHIQUES QUI RECRUTENT

Haut potentiel ? Gérard P., cadre dans la grande distribution, se qualifierait bien ainsi. Il a d'ailleurs décidé de passer à l'offensive : *« Je fais tout pour me faire repérer par les hiérarchiques qui recrutent. Bien sûr, nous recevons les bulletins des offres d'emploi en interne. Mais, en fait, lorsque le bulletin paraît, il est déjà trop tard ! Il faut avoir une longueur d'avance, être dans le vivier ! La meilleure stratégie consiste à se faire*

Nathalie Loux, consultant Franklin-Covey :

«Un entretien annuel d'évaluation se prépare 365 jours par an.»

« *L'entretien est un moment privilégié pour faire une pause, prendre du recul sur son travail. Accordez-vous le temps de la réflexion : constituez un pense-bête des évènements marquants de l'année, la consultation de votre agenda vous donnera des repères de votre activité. Anticipez les questions, en vous interrogeant :*

«Quelle a été ma contribution pour la bonne marche de l'entreprise ? Quelles difficultés ai-je rencontrées ? Quels sont les motifs d'insatisfaction ? Dans quel domaine ai-je progressé ? Ai-je acquis de nouvelles compétences ? Dans quel domaine je me sens à l'aise ? À quel moment, je me sens coincé ? Ai-je besoin d'une formation ? Dans quel but et en quoi pourrait-elle améliorer mes performances ?»

«D'une manière générale, les entretiens annuels d'évaluation sont structurés en trois phases : évaluation des performances passées, fixation des objectifs pour l'année à venir, enfin, les perspectives de développement de carrière. Tous les thèmes ne sont pas à aborder. Exemple : si une augmentation de salaire peut-être décidée à l'issue de ce rendez-vous, ce n'est pas le moment d'en discuter, de le négocier. *Enfin, restez professionnel jusqu'au bout, même lorsque l'on connaît son interlocuteur. Donc : soignez votre look, restez courtois, exprimez-vous avec précision et clarté, argumentez, écoutez.*»

connaître – ou à être connu – d'un manager qui, lui, a pu apprécier vos compétences et peut témoigner de votre capacité à intégrer une équipe. On peut également solliciter un « entretien exploratoire » auprès de la DRH.» Gérard P. réussira-t-il à rejoindre l'élite ? En tous les cas, Il en a la volonté. Et cette volonté est l'un des tout premiers atouts de ces élus : on ne devient pas haut potentiel par hasard, il faut le vouloir et le faire savoir. Malgré tout, le ticket d'entrée reste très cher : un diplôme prestigieux étant reconnu comme meilleur sésame ! Une expérience – réussie – à l'international fera basculer davantage encore la balance de votre côté. D'autant que, mondialisation oblige, les entreprises ont de plus en plus besoin de ces cadres de haut niveau capables de traiter d'importants marchés de dimension internationale. La création d'une entreprise compte aussi parmi ces « boosters » de carrière. Mais, en plus de ses compétences et de son expertise, ce qui termine de brosser le portrait robot du haut potentiel, ce sont ses fortes qualités personnelles et ses talents de manager : 65 % des entreprises estiment que la personnalité est, après le niveau de performance dans le poste, le deuxième critère déterminant du haut potentiel rappellent Frank Bournois et Sylvie Roussillon, dans leur ouvrage « Préparer les dirigeants de demain ». Un bémol : « *Les entreprises ayant – trop – tendance à dire oui à tout ce qu'ils demandent, les hauts potentiels commencent sérieusement à agacer… leur entourage et les autres salariés de la boîte !* », note un consultant.

> « Les hauts potentiels commencent à agacer leur entreprise et les autres salariés de la boîte. »

© APEC - Éditions d'Organisation (Groupe Eyrolles)

À lire :
- « **Guides des aptitudes humaines** », par Edwin Fleisman et Maureen Reilly, 1998, 142 pages, ECPA. 28,20 €
- « **L'entretien d'évaluation** », par Jacques Teboul, 2000, 118 pages, Éditions Dunod. 17 €
- « **Mobiliser les potentiels personnels** », par H. Paris, 1994, 176 pages, Éditions d'Organisation. 22,90 €

Jeunes diplômés, choisissez vos partenaires.
Pour évaluer votre démarche de recherche d'emploi, confronter votre projet professionnel à la réalité du marché, comparer votre profil à vos concurrents, connaître les métiers et les secteurs d'activité ou plus simplement, dénicher les annuaires des recruteurs, des organismes institutionnels vous réservent leurs services, gratuitement.
L'ANPE, avec la collaboration de l'Apec, a mis en place des Espaces jeunes diplômés et des ateliers thématiques pour accélérer sa recherche d'emploi.
540 clubs de recherche d'emploi ont été impulsés dans l'ensemble du réseau national. www.anpe.fr
L'Apec – Association Pour l'Emploi des Cadres, paritaire et privée – met à votre disposition (si vous possédez au minimum un Bac +4) sa connaissance du marché de l'emploi (métiers, secteurs, entreprises...) et l'efficacité de ses consultants (conseils et techniques de recherche d'emploi, construction d'un projet professionnel...).
Chaque semaine, le magazine de l'Apec, *Courrier Cadres* (en kiosque, par abonnement ou à consulter dans votre centre Apec) vous propose plus de 2 000 offres d'emploi et des enquêtes, dossiers, reportages, interviews...
Apec : www.apec.fr
N° Azur : 0 810 805 805[1]
L'AFIJ (Association pour faciliter l'insertion professionnelle des jeunes diplômés) vous conseille, vous oriente dans vos démarches et vous propose des modules de formation gratuits pour peaufiner votre projet professionnel ou vos outils de la recherche d'emploi.
www.afij.org

(1) prix appel local (sauf d'un téléphone mobile)

Pratique

À savoir :
La bonne démarche
Auto-évaluation : le salarié opère seul un quadrillage de son champ professionnel et personnel.

Pourquoi ?
• pour mobiliser les salariés ou les préparer à un changement interne, sur proposition de la DRH.
• pour mieux positionner les besoins du stagiaire, sur proposition du service formation.
• pour préparer l'entretien annuel d'évaluation, sur proposition du hiérarchique.

Comment ?
• par la rédaction d'un livret, souvent appelé portefeuille de compétences composé de trois parties : itinéraire de formation, itinéraire professionnel, activités extra-professionnelles.
• par un questionnaire QCM sondant les connaissances techniques requises.
• en remplissant un questionnaire ouvert remis par la DRH ou le responsable hiérarchique.

Quel est l'objet de l'évaluation ?
• les compétences, les performances réalisées sur une période donnée pour préparer l'entretien annuel avec le hiérarchique, ainsi que les aspirations personnelles, lorsque l'on est étudiant ou jeune diplômé.

Source : in Courrier Cadres

© APEC - Éditions d'Organisation (Groupe Eyrolles)

> TESTS : À QUELLE SAUCE, VAIS-JE ÊTRE MANGÉ ?

É valuer les compétences techniques d'un candidat... relativement aisé pour un recruteur. Définir les traits de sa personnalité, tels que la sociabilité, la capacité à raisonner, la stabilité émotionnelle, le perfectionnisme, la persévérance, la résistance au stress, à la frustration, la capacité à prévoir, l'ambition, l'optimisme, l'angoisse... voilà une autre paire de manche ! *« L'enjeu est important, ce travail doit être réservé aux psychologues. »*, s'était insurgée la communauté des « psys » dans les années 80-90, se souvient Jean-François Jardini, consultant chez Futurestep Korn-Ferry International. *« L'argument fut entendu : l'usage et l'interprétation des tests furent réservés aux diplômés de la profession. Mais, comme les cabinets conseils ne comptaient guère de diplômés de cette discipline au sein de leurs effectifs, ils renoncèrent à l'utiliser ou, plutôt en usèrent d'une manière un peu... pirate. »* Les Anglais, eux, ouvriront une autre brèche en permettant aux non-psychologues de pratiquer les tests de personnalité, en contrepartie d'une formation de quelques jours. De fait, les psychologues français durent assouplir leur position. Et les recruteurs finirent par obtenir le droit de faire passer ces tests, après une formation à leur utilisation ! De nombreuses entreprises françaises utilisent toujours les tests de personnalité dans le cadre de leurs recrutements. Parallèlement à l'analyse de la personnalité, ces tests visent désormais à analyser les motivations profondes des candidats.

Les plus célèbres et les mieux validés sont au nombre de quatre, *« Chacun servant à mesurer des aptitudes différentes. »*, explique Jean-François Jardini.

• L'**APP** (Analyse du profil personnel de Thomas International) trouve son origine dans les travaux de l'inventeur du détecteur de mensonge pour le recrutement dans l'armée américaine. Il s'agissait de cerner le comportement des sous-officiers, soumis à une pression. L'APP analyse la personnalité dans trois contextes différents : au naturel, dans le poste occupé, et sous pression. À chacune des vingt-quatre lignes du test, quatre adjectifs sont proposés au candidat qui doit choisir celui qui lui correspond le mieux et celui qui lui correspond le moins. Exemple : prudent, déterminé, convaincant, accommodant.

• Le **Papi** (Processus d'évaluation de la personnalité professionnelle), mis en place par PA Consulting en 1979 et réactualisé en 1997. Il est constitué de quatre-vingt-dix paires d'affirmations, parmi lesquelles il faut systématiquement choisir celle qui correspond le mieux au candidat. Dix échelles de besoin mesurent les préférences professionnelles et dix échelles de rôle évaluent la perception de l'individu dans son rôle professionnel.

© APEC - Éditions d'Organisation (Groupe Eyrolles)

• Le **Sosie** : créé par les ECPA (Éditions du Centre de Psychologie Appliquée) en 1991, le Sosie évalue neuf traits de personnalité, six valeurs personnelles et six valeurs interpersonnelles. Le test comporte quatre-vingt-dix groupes de trois à quatre questions dans lesquelles le candidat choisit celles qui lui correspondent le plus ou le moins.

• **L'OPQ** : créé en 1985 par le cabinet anglo-saxon SHL. Il comprend quatre-vingt-dix groupes de quatre propositions chacun, le candidat doit indiquer celles dont il est le plus – ou le moins- proche. L'OPQ mesure trente dimensions de la personnalité réparties en trois groupes : le mode de relations, le mode de pensée et les sentiments et émotions.

Cette liste n'est pas exhaustive, loin de là. La preuve : Christian Balicco a recensé, en 1991, 1 184 tests commercialisés et validés, disponibles en français ! Quant aux classifications, il a relevé qu'elles étaient tout aussi nombreuses. Les étalages des librairies et les rayons des supermarchés abondent de littérature sur le sujet, à l'adresse des candidats et à l'attention des évaluateurs. À défaut de savoir à quel test vous serez évalué, la lecture de ces ouvrages et guides vous permettra sans doute de surmonter le stress, peut-être de les démystifier et dans tous les cas de savoir de quoi il retourne. Notez, toutefois, ce conseil des recruteurs : soyez vous-même, acceptez de vous soumettre à l'épreuve des tests, vous instaurez ainsi un rapport de confiance avec l'entreprise. Vous êtes également autorisés à demander les résultats de vos tests. La démarche est bien perçue.

LES PRINCIPAUX OUTILS D'ÉVALUATION

Après avoir conquis les pays anglo-saxons,
le 360° feed-back et l'assessment center
déboulent dans l'Hexagone. Le premier soumet
un salarié aux appréciations de ses collègues,
subordonnés, clients internes, supérieurs
hiérarchiques et l'invite même à s'auto-évaluer.
Le second est un véritable exercice de mise en
situation. Utilisés ponctuellement, l'un et l'autre
poursuivent des objectifs différents, au contraire
de l'entretien d'évaluation, rendez-vous
institutionnalisé. Ces trois méthodes ont
un point commun : de leur suivi, dépend leur
efficacité !

L'ENTRETIEN D'ÉVALUATION NE FAIT PAS L'UNANIMITÉ

À l'origine : une demande des cadres qui souhaitaient se donner l'occasion d'évoquer leur carrière. Au final, une rencontre souvent qualifiée d'«examen stressant», de «cérémonial angoissant». Bref, l'entretien d'évaluation, outil favori des entreprises européennes, suscite l'appréhension des nombreux sceptiques qui n'en saisissent pas la finalité, et la rancœur, de ceux qui ont été échaudés par ce rituel parfois classé sans suites. En témoigne cette observation faite par la CFDT lors d'une enquête sur «les mutations du travail», menée auprès de 2 000 salariés[1] : «Alors que les trois quarts des salariés des mutuelles sont soumis à cette procédure (l'entretien d'évaluation), 55 % estiment que ça ne sert à rien, les objectifs sont fixés par la hiérarchie.» Pour

(1) « Le travail en question », Enquêtes sur les mutations du travail. CFDT. 2001, 240 pages, Éditions Syros. 14,90 €

être généralisée, la pratique ne suscite pas pour autant, l'adhésion de tous les cadres. Bien au contraire, comme le souligne l'hebdomadaire de l'Apec, *Courrier Cadres*, qui constate que la plupart des cadres remettent en cause le principe même de l'évaluation. Selon eux, cette démarche serait «inappropriée à leur fonction d'encadrement qui, à côté des compétences techniques, nécessite avant tout des compétences comportementales comme la capacité à motiver une équipe, par essence difficile à mesurer». Une objection qui vient nourrir la réflexion du sociologue du travail Jean-Pierre Le Goff, qui qualifie la notion de «savoir-faire», très intégrée dans la pensée et la pratique des ressources humaines, de «confuse», voire de «fourre-tout». Pire, estime Le Goff, cette notion de «savoir-faire» ne se limite pas aux seules compétences professionnelles. Prenant le contre-pied d'une «certaine idéologie du management» dominante, nourrie de modèles de «bons comportements», le sociologue met en garde contre le risque d'empiéter sur les libertés individuelles: *«On ne se contente plus aujourd'hui d'apprécier les compétences professionnelles et techniques, mais aussi des qualités relationnelles, ainsi que le degré d'adhésion au projet.»*

QUAND LES DÉRIVES DE L'ÉVALUATION MÈNENT AU CONFLIT

À ces mises en garde, les syndicats cadres en ajoutent une autre: la tentation que peuvent avoir certains employeurs d'utiliser l'entretien d'évaluation pour pouvoir mettre en évidence, en cas de conflits, d'éventuelles carences du salarié. Ce type de problème peut se poser lorsque, par exemple, les objectifs ne sont pas atteints et entraînent le licenciement de l'évalué. Le sujet est revenu sous les feux de l'actualité, dans les

360° : Gilles Alexandre, Entreprise et Personnel

«À défaut d'évaluer son patron, lui dire au moins ce qu'on attend de lui.»

Selon Gilles Alexandre, consultant à Entreprise et Personnel, l'évaluation «360°» (qui consiste à faire évaluer un manager par son entourage professionnel : collaborateurs, supérieurs, clients...) est *«à la veille d'une extension probable dans l'Hexagone»*. D'où l'intérêt de l'organisme pour la méthode à laquelle il a consacré, en 2001, une étude. Gilles Alexandre, son auteur, observe que les démarches 360° peuvent s'inscrire dans des logiques de développement individuel (ce qui implique que les résultats *«n'appartiennent qu'à la personne évaluée»*) ; de gestion, le 360° s'inscrivant alors «dans le même cadre que celui de l'entretien annuel de performance» ; d'un renforcement de la culture managériale de l'entreprise. Mais, prévient Gilles Alexandre : *«Aucune des trois logiques ne saurait se réduire à ce qu'elle annonce.»*, chacune d'elle favorisant *«Une meilleure connaissance de soi, une meilleure individualisation des modes de gestion, ainsi que la diffusion de normes comportementales ou culturelles.»* L'auteur de l'étude pointe, cependant, les limites de la méthode, d'ordres méthodologique, psychologique et culturel. Derrière le 360°, se profile *«la question générale de l'instrumentation du savoir-être et du risque de conformité sociale secrétée par des outils mal maîtrisés ou trop sophistiqués»*. Gilles Alexandre propose donc des alternatives au «360°» : mise en place d'outils de diagnostic d'équipe et, surtout, d'outils favorisant une *«expression des attentes réciproques»*. *«S'il est difficile de s'adresser à un responsable hiérarchique en lui disant ce que l'on pense de lui, du moins paraît-il envisageable de lui dire ce qu'on attend de lui !»*, plaide le consultant.

Source : in Gestion sociale

premiers mois de l'année 2002, lorsque les syndicats d'IBM, qui a mis au point un système d'évaluation interne des salariés avec des notes qui vont de un à quatre, se sont émus du fait que le nombre de salariés qui se voyaient attribuer la note quatre (donc taxés de faibles contributeurs) était en hausse. Ces salariés qui se voient affublés du qualificatif de «Maillon faible» ne perçoivent pas de prime annuelle (8 % du salaire), ni ne sont augmentés ou promus dans l'année. Les syndicats, notamment la CFDT, ont vu dans ce «système abusif d'évaluation» une politique qui «permet d'exclure des salariés en les poussant au départ ou en les licenciant pour insuffisance professionnelle dans les cas de résistance. C'est un plan social déguisé», rapportait le quotidien *Le Monde*, du 8 mars 2002. Faisant référence au cas IBM, Antoine Lyon-Caen, professeur de droit du travail à l'université de Paris X, rappelait alors dans les colonnes du quotidien: «*qu'une entreprise ne peut pas*, a priori, *déterminer un quota de salariés incompétents. C'est contradictoire avec la notion même d'une évaluation de la capacité professionnelle qui ne peut être que le résultat d'une analyse au cas par cas.*» Il ajoute: «*Même si les entreprises ont des systèmes d'évaluation généralisés, il semble rare qu'elles utilisent leur système d'évaluation pour gérer leur sureffectif.*» Concernant enfin les critères d'évaluation qualitatifs, Antoine Lyon-Caen précise: «*Pour évaluer un salarié, on ne peut pas faire état de facteurs non passibles de preuves. Dans ce cadre, les critères qualitatifs ne sont pas tous condamnables, comme, par exemple, lorsqu'un ensemble de collègues émet un jugement négatif sur le comportement d'une personne. En revanche, les critères qualitatifs sont condamnables et condamnés lorsqu'ils relèvent de*

> Des échelles de notation simples, voire simplistes.

l'appréciation subjective des managers. » De son côté, Christian Balicco, se confiant à l'hebdomadaire *Courrier Cadres*, explique : « *Si j'en crois les articles parus dans la presse, IBM a utilisé une échelle de 1 à 4 pour noter ses salariés. Or, une échelle comportant aussi peu de repères me semble contestable. Dès lors qu'on évalue un collaborateur, il est préférable que l'amplitude soit la plus large possible pour éviter la fausse mesure.* » Et Balicco de citer l'échelle de Likert qui comporte sept points et permet de noter de manière beaucoup plus objective, l'intensité d'un comportement. « *J'ai souvent constaté que les échelles de notation utilisées dans les entreprises étaient simples, parfois même simplistes.* », regrette-t-il.

ENCADRER L'ENTRETIEN D'ÉVALUATION

Citons encore le cas de ce commercial « remercié » pour manque de résultats quatre mois seulement après avoir passé un entretien d'évaluation favorable. Il a obtenu gain de cause contre son employeur, aux Prud'hommes, en présentant ses rapports de bilan sur les cinq années précédentes. Lesquels attestaient de son grand professionnalisme. D'où la volonté des syndicats d'encadrer l'entretien annuel par une loi, à l'instar du bilan de compétences qui, lui, est soumis à l'article L.900-2 du Code du travail.

Si les cadres semblent bouder l'entretien d'évaluation, la plupart des directeurs des ressources humaines que nous avons rencontrés, plébiscitent l'outil pour son double intérêt, tant pour l'entreprise que pour le salarié. « *C'est un basic de la gestion des ressources humaines.* », estiment-ils. « *Toute entreprise digne de ce nom se doit de le pratiquer* », « *les entretiens annuels sont des moments de rencontre privilégiés entre les managers et leurs collaborateurs* », car « *ils scellent le contrat moral qui les*

© APEC - Éditions d'Organisation (Groupe Eyrolles)

unit professionnellement. » Un enthousiasme que viennent corréler les avantages reconnus de l'outil. À commencer par la nature de ses objectifs : l'exercice porte sur l'appréciation de la performance sur l'année écoulée ; la définition des résultats attendus pour l'année à venir (mission, rôle, objectifs) ; les moyens et ressources alloués ; les besoins de formation individuelle. De plus, les entretiens annuels doivent motiver des décisions individuelles (primes, évolution du poste, mobilité, formation...) et une exploitation collective permettant de nourrir la politique de formation. Ils permettent en outre de disposer d'une information essentielle permettant de sélectionner des profils individuels dans le cadre de la mobilité interne. « *Dans cette vision, le rapport entre évalué et évaluateur est gagnant- gagnant.* », commente Nathalie Loux, consultant international chez l'américain Franklin-Covey.

L'ÉVALUATION ET APRÈS

Gagnant-gagnant ? L'entretien le deviendrait même totalement si toutes les évaluations débouchaient sur un résultat concret : « *L'entretien annuel d'évaluation doit être suivi d'un plan d'actions. À défaut, il ne sera que source de frustration et de déresponsabilisation.* », prévient Jean-Luc Olivaux, consultant mobilité au sein de l'unité Perspectives Apec. « *Nous devons traiter l'après-évaluation avec le même degré d'exigence que celui que l'on se fixe pour la conduire.* », renchérit François Humblot, dirigeant de Humblot-Grant Alexander, spécialisé en conseil en recrutement et en mobilité interne. « *On ne se fixe pas des objectifs pour l'année à venir, sans en prendre la mesure*, ajoute Nathalie Loux. *Chez Franklin-Covey, nous utilisons la méthode SMART : un objectif est Spécifique, Mesurable, Attractif, Réalisable, dans un espace Temporel.* »

Le 360° Feed-Back et assessment : ce qu'ils en disent[1]

• <u>Jean-Gilbert Aincy, consultant associé au cabinet CAA</u> : «L'assessment accumule les simulations et les tests en un laps de temps très court. Cela nécessite d'être en bonne condition physique et psychologique.»

• <u>Nadine Richer, consultante chez Insep Consulting</u>, sur le 360°, ce test qui oblige l'intéressé à se voir dans les yeux de son entourage et qu'il vaut mieux éviter d'utiliser en période de haute turbulence : «Si la tension au sein du service est trop forte, la démarche peut tourner au règlement de compte.»

• <u>Yves-Marie Beaujouan, consultant au cabinet SHL</u> et maître de conférence en psychologie du travail à Paris V[1] : «La définition de l'assessment varie d'une entreprise à l'autre. Même si la trame est toujours identique : définition en amont des critères d'évaluation, utilisation d'exercices de simulation avec plusieurs évaluateurs afin de croiser le tir, restitution sous forme de dialogue.»

• Le 360° a, lui aussi, autant de règles que d'usages, comme l'explique <u>Gilles Alexandre, directeur d'études chez Entreprise et Personnel</u> : «Toutes les possibilités existent : la démarche est fondée sur le volontariat ou l'obligation ; les évaluateurs sont choisis par l'évalué ou lui sont imposés ; les appréciations sont ou ne sont pas anonymes ; les résultats ne sont communiqués qu'à l'intéressé lui-même ou le sont à toute l'équipe.»

(1) Source : in Courrier Cadres

Ancien consultant dans un cabinet spécialisé dans les recrutements de profils rares et hauts potentiels, Ludovic G. confirme le vieil adage selon lequel les cordonniers sont toujours les plus mal chaussés. Cette année comme les autres, Ludovic G. «a explosé» ses objectifs et son bonus. Son portefeuille clients brille tant en qualité qu'en quantité. Il vient même d'égaliser le score de son «boss»: 534000 € de CA (*3,50 MF*), assène-t-il, fier de son exploit. Une fierté toute légitime: Ludovic était, il y a peu encore, consultant junior. Mais, alors qu'il espérait, sur la base de ces résultats, une promotion au poste de consultant senior, son supérieur hiérarchique s'est attaché, lors de son entretien d'évaluation, à rehausser l'objectif au quatrième million... sans s'attarder sur la qualité de son travail. Abasourdi par la teneur et l'issue, inacceptables, de ce face à face cinglant, Ludovic G. a opiné du chef et signé le document d'évaluation... «*en contrepartie d'une hausse ridicule de mon bonus! Un déni total de mon travail et de mes ambitions professionnelles.*» L'histoire ne finira pas mal et

> « Un déni total de mon travail et de mes ambitions professionnelles. »

Ludovic aura le dernier mot: profitant d'une restructuration du service ressources humaines chez un client, il tente sa chance et obtient la direction de la DRH Europe de sa nouvelle entreprise. Nul n'est prophète...

Ce témoignage, parmi d'autres, ne fera qu'accentuer les réticences des cadres à l'égard de l'inévitable entretien d'évaluation. Pour quels motifs? Essentiellement l'angoisse de la sanction, la difficulté à mener l'entretien dans l'objectivité et dans la sérénité (l'évaluateur est généralement le N + 1), quand les relations sont conflictuelles. Pas facile, non plus, de souscrire à la règle des objectifs à réaliser s'ils sont imposés. Certains cadres d'IBM ont trouvé la parade en ajoutant à leur paraphe: «*Sous réserve que les moyens nécessaires me soient alloués pour poursuivre mes missions.*»

FORMER LES MANAGERS À L'ÉVALUATION

Pour lever ces freins aux évaluations annuelles, les entreprises misent sur la pédagogie et la responsabilisation. La majorité d'entre elles s'efforce de former leurs managers à la pratique de l'entretien (Electrolux, Wurth, IBM, le Crédit Mutuel...). *Via* des programmes de formation internes (tel que Parcours cadres chez Heineken) ou par le recours aux services de cabinets ou organismes spécialisés comme l'Apec. L'entretien est codifié à l'aide d'un document imprimé dans lequel figurent les thématiques à aborder. La marche à suivre est indiquée pas à pas. Certaines entreprises, plus pointilleuses encore, vont jusqu'à contrôler le temps accordé par le manager, à chaque évalué. Au minimum une heure, estime-t-on chez Sodexho. Si ce temps n'est pas respecté, la sanction peut être terrible : *« Un cadre qui avait réalisé cinq entretiens en une après-midi a été, pour cette raison, licencié. »*, confie Hervé Lhomme le DRH du numéro 1 mondial de la restauration collective et services.

Du côté de l'évalué, il est important de considérer l'entretien d'évaluation avec le même sérieux. Ne négligez pas l'exercice, il est déterminant de l'évolution de votre carrière. N'attendez pas le dernier moment pour le préparer, faites-le tout au long de l'année. Jean-Luc Olivaux, consultant mobilité à l'Apec, conseille de consigner dans un carnet ou un agenda les événements marquants, positifs ou négatifs. Listez également les missions que vous avez réalisées, les situations qui vous ont mis mal à l'aise ou en difficulté. Celles que vous avez menées de main de maître. Ce bref « historique » vous permettra de prendre du recul sur votre manière

> Écouter les critiques sans se braquer.

L'entretien : une évaluation très centrée sur le quotidien

Selon le Cadroscope Apec 2002, 46 % des cadres ont été reçus en entretien d'évaluation en 2001 (contre 54 % trois ans plus tôt). L'existence ou non de cet entretien, est fortement liée à la taille de l'entreprise : seuls 19 % des cadres des entreprises de moins de 50 salariés y ont été conviés contre 73 % des cadres travaillant dans des structures de plus de 2 000 salariés. On sait que l'entretien d'évaluation est quasi-indissociable de toute mobilité interne et que cette dernière est davantage le fait des grandes entreprises, plus utilisatrices donc, de la méthode. Plus surprenante, en revanche, est la faible proportion de cadres évalués parmi ceux qui jugent leur charge de travail insuffisante et voient leur rémunération stagner. Mieux : s'il leur arrive d'être évalué, 80 % de ces cadres jugent l'entretien inutile !

Ce qui n'est pas le cas des cadres de direction, les moins soumis à cet exercice, qui comptent parmi ceux qui le jugent très utile ! Allez comprendre...

Et de quoi parle-t-on lors de ce face à face redouté (basé dans 45 % des cas, sur une grille d'évaluation connue de 80 % des cadres qui y sont conviés et auxquels elle convient le plus souvent) ? En premier lieu, des relations avec son supérieur hiérarchique et les membres de l'équipe (82 % des cas). Sont ensuite évoquées : les formations envisageables, le plan de carrière et les perspectives de mobilité... Mais, observe l'étude de l'Apec : « *L'entretien d'évaluation semble extrêmement centré sur l'évaluation au quotidien plutôt que sur les perspectives professionnelles du cadre lui-même.* »

C'est donc en toute logique que plus de 80 % des cadres qui ont été reçus pour un entretien d'évaluation, affirment avoir pu y faire le point sur leurs relations avec leur hiérarchique et les membres de l'équipe, puis, dans un deuxième temps, sur les formations envisageables (65 %), le plan de carrière (57 %) et enfin, sur les perspectives de mobilité (38 %).

65

de travailler, de repérer vos acquis et vos lacunes. Restez constructif, identifiez les causes de vos problèmes et proposez des solutions qui pourront vous éviter de retomber dans les mêmes pièges. L'entretien vous installe dans une relation de partenariat avec votre supérieur hiérarchique. Vous devez écouter son appréciation de votre travail et de votre comportement, sans doute ses critiques, sans vous braquer. N'hésitez pas, non plus, à lui demander d'apporter les précisions qui vous permettront de comprendre son point de vue. Mais évitez les formules vagues, soyez précis, illustrez vos propos par des exemples concrets étayés de chiffres. Avancez des propositions réalistes pour améliorer la qualité de votre travail (une formation, l'acquisition d'un outil informatique performant) ou la rentabilité dans votre service. Journaliste dans un mensuel professionnel, Virginie R. n'a pas hésité à proposer au conseil d'administration de quitter l'imprimeur avec lequel son journal travaillait depuis quarante-cinq ans. «*Ses factures étaient lourdes et la qualité de son travail de plus en plus aléatoire. J'ai d'abord prospecté auprès de ses concurrents: tests, visite des sites de production, références... j'ai tout épluché. Nous pouvions économiser une trentaine de milliers de francs par mois et raccourcir les délais d'impression. Profitant de l'entretien d'évaluation en fin d'année avec le directeur de la publication, je lui ai communiqué le fruit de mes démarches. Il m'a appuyée auprès du conseil d'administration.*» La récompense s'est traduite par sa promotion au poste de rédacteur en chef, comme elle le souhaitait.

> L'entretien annuel vous offre la possibilité d'exprimer vos aspirations.

L'entretien annuel vous offre l'opportunité d'exprimer vos aspirations en terme d'évolution professionnelle, de formation, de mobilité, de salaire. Ce dernier point, il est vrai, ne fait pas l'unanimité au sein des DRH et chez les consultants. Certains préfèrent écarter le sujet pour éviter à l'entretien de sombrer dans une discussion «financière», d'autres pensent qu'au contraire, il faut en parler, mais seulement à la fin de l'entretien. Dans le doute, il est permis de se renseigner auprès des collègues, sur les us et coutumes de votre entreprise.

LE 360° FEED-BACK :

DES MIROIRS

PARTOUT

Collègues, collaborateurs, supérieurs… comment vous jugent-ils ? Pour le savoir, rien de tel qu'un « 360° feed-back » ! Après avoir fait un véritable tabac dans les pays anglo-saxons, la méthode a débarqué chez nous, *via* les filiales, au gré des directeurs de ressources humaines. Certains en attribuent l'importation à Madame Claude Lévy-Leboyer, professeur de psychologie du travail à l'université René-Descartes Paris V et qui a adapté le premier 360° paru en France[1]. Quoi qu'il en soit, la méthode est très populaire chez les DRH : Air France, Schneider Electric, Accor, DHL, Sodexho, Renault… l'ont adoptée, comme la plupart des grandes entreprises qui ont la possibilité de s'offrir un outil lourd, coûteux, mais pertinent pour la multiplicité des regards qu'il permet. Il faut débourser environ 915 € par personne, voire près de 2 300 € si le questionnaire est établi sur mesure par un cabinet extérieur.

---

(1) *« Repères de carrières », Éditions du Centre de Psychologie Appliquée.*

© APEC - Éditions d'Organisation (Groupe Eyrolles)

Pour en comprendre le principe, imaginez-vous au centre d'une salle tapissée de miroirs, au sol, au plafond, aux murs. Chacun vous restitue une image de vous et la totalité des miroirs vous renvoie votre portrait sous plusieurs angles, comme vous n'avez jamais eu l'occasion de vous voir. L'un ou l'autre trait sera forcément plus saillant. Vous l'apprécierez selon qu'il vous flatte, vous profite ou vous désavantage. Dans ce dernier cas, vous chercherez, en principe, à le corriger. Tel est le but du « 360° feed-back » : grâce à cette méthode le cadre peut savoir ce que son entourage professionnel pense de lui – ses points forts, ses points faibles – et en filigrane, se corriger. Car l'image de soi *« joue un rôle essentiel dans la dynamique des motivations,* insiste Claude Lévy-Leboyer. *Lorsqu'on ne croit pas posséder les talents nécessaires à la réalisation d'une tâche ou d'une mission, on ne fait pas d'effort pour la réaliser. Et inversement, on prend des risques exagérés quand on s'attribue des qualités ou des compétences qu'on ne possède pas. »*

CHOISISSEZ VOS ÉVALUATEURS

Vos évaluateurs ? C'est vous qui les choisissez ! C'est la règle suivie par les entreprises dans l'Hexagone. Peut-être pour mieux faire passer la pilule ou contrebalancer l'inconfort de s'exposer au regard des autres. Cette marge de manœuvre dont dispose l'évalué, s'accorde très bien avec l'esprit du 360°, considéré comme un outil de développement personnel. Contrairement à l'entretien annuel d'évaluation, il ne fonde pas (en principe) votre promotion ou votre augmentation de salaire.

Vous choisissez donc, en toute liberté, une dizaine de personnes, parmi vos collègues, vos collaborateurs, vos clients internes, et même vos amis, si vous le souhaitez. Sans oublier

L'Apec forme les managers à l'entretien annuel

Dans le cadre des prestations « Perspectives », l'Apec organise des formations sur mesure, de une à trois journées destinées à former les managers à la conduite d'entretien d'évaluation et à les aider à intégrer ces entretiens dans une démarche de gestion et d'évolution des compétences. Cette formation s'effectue par groupe de six à huit personnes et s'adapte à la demande de chaque entreprise : formation pour les nouveaux managers, redynamisation de la démarche auprès des managers, formation de tout le management dans une entreprise qui vient d'installer une démarche d'évaluation.

Par ailleurs, l'Apec intervient auprès des directions générales qui n'ont pas encore de politique d'évaluation de leurs collaborateurs et les accompagne dans la définition de celle-ci dans toutes ses composantes jusqu'à, par exemple, la définition des critères mesurables d'évaluation spécifiques.

votre supérieur hiérarchique, car lui seul est un partenaire obligé dans ce casting. Vos évaluateurs vont s'atteler à l'exercice du 360° anonymement, en répondant à une centaine de questions qui leur permettront de dire comment ils perçoivent vos qualités professionnelles. Chacun, y compris vous, se voit remettre une enveloppe avec le questionnaire. Vous y compris, car vous devrez répondre aux mêmes interrogations : sait-il déléguer ? Veille-t-il à développer les compétences des membres de son équipe ? Sait-il faire passer son enthousiasme ? Communique-t-il bien et suffisamment ? Incite-t-il ses collaborateurs à prendre des initiatives ? Va-t-il à l'essentiel ? Crée-t-il un esprit d'équipe ? Gère-t-il bien les conflits ? Transmet-il convenablement à ses collaborateurs l'information dont ils ont besoin ? Délègue-t-il les moyens adaptés pour atteindre les objectifs ?...

Les questions portent sur des comportements observables, en rapport avec une situation précise pour éviter les dérapages d'opinion vers les jugements de valeur ou des considérations subjectives. Claude Lévy-Leboyer conseille vivement aux rédacteurs du questionnaire de «garder le style comportemental et d'éviter les tournures commençant par «fait preuve de...» ou «montre...».

Les réponses sont traitées par un cabinet conseil extérieur, puis un consultant ou un responsable des ressources humaines spécialement formé les présente au cadre. Une précaution utile pour atténuer un possible atterrissage brutal. *Les questionnaires sont dépouillés et traités directement au siège de notre cabinet, en toute confidentialité,* assure Nathalie Loux. *Puis, on me renvoie les résultats dans une enveloppe fermée que je dois remettre au manager. Nous découvrons les réponses ensemble, et en faisons le debriefing.»* La phase est, évidemment délicate, car elle peut aboutir à des conclusions sévères. Nathalie Loux cite l'exemple d'un dirigeant de PME qui «enrageait» à l'idée que ses managers n'appliquent pas ses directives. *«Le 360° a révélé qu'il informait, mais ne communiquait pas. Qu'il multipliait les axes de développement sans en hiérarchiser les priorités. Grâce au coaching qui a suivi le 360°, ce dirigeant a décidé de recentrer son entreprise sur son cœur de métier!»*

> « Le 360° m'a révélé qu'en fait je ne manageais personne. »

Thierry de B. a su, lui aussi, gérer un retour d'image difficile. Bon développeur d'affaires dans une grande banque française, il se sentait très mal dans sa peau de manager. *«Le 360° m'a révélé qu'en fait, je ne manageais personne! Mes collaborateurs n'osaient plus m'approcher tant j'étais pendu au téléphone ou*

71

Guillaume Plouvin, directeur de la gestion des carrières
des cadres à Péchiney

« Une grille de neuf compétences. »

Le groupe Péchiney, compte plus de 3000 cadres répartis en France et à l'étranger. Dans l'entreprise, tous les cadres bénéficient d'une évaluation de performance qui se réalise par le biais d'un outil : « L'entretien de progrès ». Nous procédons d'abord à l'analyse de la performance annuelle du salarié et vérifions que les objectifs établis au début de l'année par le N + 1 (supérieur hiérarchique) et validée par le N + 2 (directeur), ont bien été atteints. C'est de cette manière que sont calculés le bonus et la rémunération du salarié. Cette méthode permet, en outre, d'avoir une meilleure visibilité sur l'ensemble des résultats du groupe. L'évaluation se fonde ensuite sur une grille de compétences. Neuf compétences managériales ont été fixées pour évaluer les qualités et les comportements du cadre : esprit d'initiative, capacité d'innovation, leardership, sens du client, etc. Chaque année, le manager est noté de 1 à 5. Suit un « feed-back ». On regarde alors, avec le cadre évalué, quels sont les points à améliorer. Cette méthode nous permet surtout de pouvoir bâtir un plan de développement individuel. Dernier rouage de l'évaluation : la phase de « post-évaluation » durant laquelle le cadre fait part de ses sentiments, de ses souhaits d'évolution de carrière, etc.

branché sur la bourse. Ils m'ont reproché de passer en coup de vent, entre une brassée de rendez-vous. Moi, j'attendais d'eux davantage d'autonomie. » Coincé entre les feux de leur regard et ses aspirations professionnelles secrètes, Thierry de B. a enchaîné sur un bilan de compétences qui mettra à jour un goût certain pour l'entreprise individuelle, le gain et le travail

© APEC - Éditions d'Organisation (Groupe Eyrolles)

en solo. *« C'est ce qui m'a encouragé à tout plaquer pour ouvrir ma société de courtier au Luxembourg. »*

« ON PEUT MÊME PARLER DE CASSE-GUEULE. »

Les résultats du 360° appartiennent à l'évalué. Et, en principe, l'entreprise n'a pas droit de regard sur eux. *« En aucun cas*, affirme même Nathalie Loux. *L'évalué conserve son dossier, je ne garde aucune trace de ces entretiens. »* En revanche, le salarié ou le cadre peut s'en servir au cours de son évaluation pour mettre en exergue telle aptitude ou savoir-faire révélés par ce 360°. Ce qui compte, c'est que la méthode débouche sur un plan d'action destiné à améliorer les performances, le plus souvent sous la conduite d'un coach que l'on peut choisir dans l'entreprise. Et c'est bien cette absence de contrôle direct qui distingue le 360° de l'entretien annuel d'évaluation ou, encore, d'un assessment center. C'est également de l'absence de contrôle et du respect de la confidentialité que dépend le développement de ce mode d'évaluation très particulier, basé sur le volontariat, condition *sine qua non* de sa bonne exécution. *« La méthode est adaptée à une culture d'entreprise fondée sur le management participatif, ouverte à la culture du feedback. »*, analyse Olivier W., cadre supérieur dans le secteur énergétique, qui s'attend au pire (règlements de compte) avec l'introduction de cet outil dans son entreprise: *« On peut même parler de casse-gueule ! »*, confie-t-il, inquiet. Preuve que les candidats (volontaires) à l'épreuve, ne sont sans doute pas, dans le premiers temps, légion. Il est vrai que le 360° peut être perçu comme un moyen de déstabilisation, notamment lorsque l'on n'entretient pas de bonnes relations avec son entourage. Ou que l'on a peu confiance en soi. *« Un autre*

73

Entretien d'évaluation : les faits, rien que les faits

Au cadre qui va passer un entretien d'évaluation devant son manager, Christian Balicco, psychologue et consultant, donne ces quelques conseils[1] : le cadre doit distinguer les arguments de fait, qui reposent sur des éléments vérifiables et rationnels, de ceux de conviction, du type : *«Je ne vous vois pas dans ce poste.»* ou *«Je pense que vous n'êtes pas un bon manager.»* Ce genre d'argumentation n'a aucune valeur. Si vous sentez qu'on vous évalue sur la base d'éléments de conviction, qui sont par nature d'ordre affectif, il vous faut réagir, en répondant à l'évaluateur sur des arguments de fait. Un exemple : *«Vous dites que mes aptitudes relationnelles ne sont pas bonnes ? Pourtant, j'ai encore développé mon portefeuille client (critère quantitatif), je n'ai jamais eu de conflit avec aucun d'eux, ni avec les membres de mon équipe (critère qualitatif).»*

(1) Source : in Courrier Cadres

risque serait qu'un cadre accepte un 360° pour faire plaisir à son entreprise.», ajoute François Humblot, dirigeant Humblot-Grant Alexander, cabinet spécialisé dans le recrutement et la mobilité interne. Sans implication réelle du concerné, l'exercice ressemble fort à un coup d'épée dans l'eau. Dans certaines entreprises, la hiérarchie donne l'exemple. Sodexho, par exemple, a opté pour une démarche descendante. *«Nous expérimentons la méthode et nous commençons par le top-management : Pierre Bellon (P-dg) le pratique depuis un certain temps,* explique Hervé Lhomme, le DRH. *Après le passage de la direction générale, puis du comité directeur, nous tirerons tous les enseignements utiles avant d'appliquer la méthode à l'encadrement.»*

IN BASKET :
BONNE, MOYENNE
OU MAUVAISE
PIOCHE ?

Une bien mauvaise journée! C'est, à peu de choses près, ce que vous penserez à la fin d'un assessment center dont l'exercice le plus connu est l'«in basket», que l'on pourrait traduire par «dans la corbeille». La corbeille en question, dont vous allez devoir découvrir le contenu, recèle un certain nombre de courriers, notes de services, que vous devrez traiter dans un temps limité. Après avoir découvert et pris connaissance de ces différents documents, vous devrez prendre des décisions que vous motiverez *a posteriori*. Mais il est possible de «corser» la méthode: en plus d'une corbeille – bien garnie –, vous devrez également assurer deux ou trois rendez-vous dont vous ne connaissez ni l'objet, ni l'identité de vos interlocuteurs. Vous disposez, au mieux, de sept heures, pour faire face à l'ensemble de ces situations imprévues, convaincre vos évaluateurs et vos interlocu-

75

teurs. Christian Parmentier, directeur hospitalier courts séjours chez Sodexho a vécu cette journée. Aujourd'hui, il fait partie des acteurs-évaluateurs des assessments centers. Quand «l'assessé» arrive sur le lieu du rendez-vous dans un des sites de Sodexho, ses interlocuteurs se présentent, puis lui passent la parole pour lui permettre de rappeler son parcours dans l'entreprise et évoquer le poste dans lequel il se projette. Par exemple: responsable de secteur. «*À ce stade, nous percevons déjà s'il en a une bonne vision.*» Commence alors l'exercice. En douceur d'abord, avec une bonne nouvelle. Puis, dans la foulée, une série de catastrophes. L'évalué

Un client très mécontent fait irruption dans le bureau...

doit remplacer son responsable hiérarchique au pied levé... heureusement, il dispose de l'aide d'un certain nombre de collaborateurs qui vont l'aider à résoudre plusieurs questions fort délicates: il plane une rumeur d'intoxication alimentaire, un client très mécontent fait irruption dans le bureau, un collaborateur dépité par le faible montant de son augmentation de salaire fait un sit-in devant la porte... À lui de jouer! Sous le regard des autres, bien évidemment, qui évalueront sa manière de traduire les informations, d'analyser les situations, de détecter et de hiérarchiser les priorités, de s'appuyer ou non sur les collaborateurs désignés, d'argumenter, de négocier, d'écouter. «*La simulation terminée, nous lui demandons s'il a toujours la même vision du poste et la même volonté d'y accéder!*», enchaîne Christian Parmentier. Quelques jours après l'exercice, la DRH remet à l'évalué un rapport complet sur son bilan comportemental.

D'origine anglo-saxonne, l'assessment center, traduit, en français, par «centre d'évaluation» ou par «bilan comportemental», a été adapté, en France, par Victor Ernoult, psychologue de formation, qui a consacré de nombreux ouvrages à la méthode. Les professionnels des ressources humaines sont élogieux sur l'outil. Notamment pour sa capacité à minimiser le risque d'erreur lors d'un recrutement interne ou externe et, par conséquent, à préciser les chances de réussite (ou non) professionnelle d'un candidat dans un poste futur. Même Christian Balicco, pourtant très critique sur les méthodes d'évaluation les plus couramment utilisées, juge que l'assessment center est *« l'une des rares méthodes capables d'apporter une information aussi riche et, surtout, aussi fiable en matière de pronostic professionnel. »* Une fiabilité qui repose sur la pluralité de ses techniques d'évaluation, le nombre des évaluateurs (6 et parfois même 12), le caractère «standardisé» de la procédure et, surtout, sur la cohérence de la relation entre les exercices réalisés et le poste brigué par le postulant. *« C'est le moyen le plus sûr d'évaluer objectivement comment un candidat fera face aux exigences de son futur poste. »*, résume Jean-François Jardini, de Futurestep Korn-Ferry. L'un des atouts de l'assessment center réside dans le fait qu'une compétence est mesurée par plusieurs exercices et, inversement, un exercice mesure plusieurs compétences. L'assessment center peut servir plusieurs objectifs : la promotion interne, le recrutement externe, la détection des hauts potentiels, le définition des besoins de formation… et, en cas de fusion, aider à choisir entre deux ou trois candidats à la même fonction !

À lire :
- « **Le 360° outil de développement personnel** », par Claude Lévy-Leboyer, 2000, 162 pages, Éditions d'Organisation. 21,90 €
- « **Le 360° outil pour développer les managers** », par Laurence Handy, Marion Devin et Laura Heath, 192 pages, Insep Éditions. 27,50 €
- « **Bilan de compétences : efficacité personnelle** », par Marie-Josée Couchaere, 1995, 176 pages, Éditions Liaisons. 20,27 €
- « **Comment réussir les entretiens annuels d'évaluation** », par Patricia Joly-Pierrefeu, 1995, Éditions Demos. 28,81 €
- « **Le bilan comportemental dans l'entreprise** », par Victor Ernoult, Jean-Pierre Guère et Fabienne Pezeu, 1984, 192 pages, PUF. 16,93 €
- « **Recruter sans se tromper** », par Victor Ernoult, 2001, 236 pages, Éditions d'Organisation. 25,70 €

Pour en savoir plus :
EAP (Éditions d'Applications Psychologiques) : 01 55 34 93 13
ECPA (Éditions du Centre de Psychologie Appliquée) : 01 40 09 62 62

Petit lexique des tests :
- *Les tests psychotechniques* : ils permettent de mesurer la mémoire visuelle, le sens spatial, la capacité à comprendre un problème mécanique. Ils sont utilisés pour certains métiers techniques comme dessinateur-projeteur, conducteur de travaux, etc.
- *Les tests de logique et de raisonnement* : ils prennent de multiples formes (suites logiques, dominos, tests mathématiques ou encore tests verbaux.
- *Les tests de personnalité* : sont les plus utilisés pour évaluer les cadres. Les tests projectifs type Rorschach, test de l'arbre ou test du village, censés révéler l'inconscient des candidats à l'embauche, ont fort heureusement de moins en moins la cote, les entreprises préférant utiliser davantage la graphologie... Les tests de personnalité ont, en revanche, le vent en poupe. Parmi eux, citons le Papi (l'un des questionnaires les plus pratiqués), le Sosie (se reconnaître dans près d'une centaine d'affirmations), le PerformanSe, etc. Souvent informatisés, ils sont à la fois ludiques et faciles à interpréter.
- *Les tests « in basket »* : évaluent l'attitude des candidats en situation de travail et mettent en valeur leurs compétences professionnelles.

Source : in Courrier Cadres

> ÉVALUATEUR ET ÉVALUÉ, COMMENT VOUS PRÉPARER À L'ENTRETIEN[1]

Tout salarié veut être reconnu et pouvoir exprimer ses ambitions. Son chef souhaite définir de nouveaux projets avec lui. Chacun a intérêt à bien peaufiner l'entretien pour en retirer le maximum de profit. Une préparation à l'évaluation vue des deux côtés de la barrière.

1/ Aborder l'entretien en privilégiant les faits aux ambitions

Si un manager est réputé intègre, il y a toutes les chances que ses arbitrages défavorables soient bien acceptés. Autant de raisons de camper fermement sur le terrain des faits. En aucun cas, la charge émotionnelle ne doit pas prendre le pas sur le rationnel. Dans le cas contraire, il y a risque de dérapage.

Évalué

NOTEZ-VOUS AVANT L'ENTRETIEN

Garder la tête froide lorsque sa carrière est (peut-être) en jeu n'est pas toujours simple. Pour réduire la part de subjectivité et

---

(1) Source : in Courrier Cadres

apaiser la situation, il est important de convenir avec votre manager des critères et des indicateurs pertinents, de ce que sont des comportements et des attitudes efficaces face au travail. Par ailleurs, vous avez tout intérêt à vous auto-évaluer au préalable. Les entreprises l'ont bien compris. Toutes ou presque font remplir un formulaire aux salariés, quelques jours avant l'entrevue : résultats obtenus par rapports aux objectifs, points forts, lacunes, souhaits d'évolution, etc. Plus on est lucide, plus on est à même d'argumenter !

Évaluateur

N'ATTENDEZ PAS LE RENDEZ-VOUS POUR VOUS METTRE À L'ÉCOUTE

L'enjeu est important. Il mérite que l'on y consacre plus de temps qu'un simple rendez-vous. Pour ce faire, essayez de vous dégager du poids du quotidien et invitez vos collaborateurs «à vider leur sac» pour percevoir les dissensions, les ambitions et les ressorts de tous. Il serait dommage d'attendre le jour de l'évaluation pour en chercher la clé. Si l'évaluateur tombe des nues alors que l'évalué s'angoisse, c'est signe d'un déficit de management. L'entretien idéal devrait même aboutir à zéro critique, zéro justification.

2/ L'examen des résultats, un passage obligé

Pour apprécier les performances d'un cadre, il est logique de commencer par ses résultats. En théorie, c'est la partie la plus aisée de l'entretien : il suffit de comparer des chiffres aux résultats initiaux, en tenant compte des moyens, de la conjoncture, etc. Mais dans la pratique, les choses ne sont pas si simples...

© APEC - Éditions d'Organisation (Groupe Eyrolles)

Évalué

ESTIMEZ-VOUS À VOTRE JUSTE PRIX

Il se peut que vous éprouviez quelques difficultés, voire des désaccords, quant à l'organisation de votre travail, ou à la réalisation des objectifs à atteindre, commencez d'abord par faire entendre votre point de vue. Ne restez pas arc-bouté sur votre bilan : il est important d'apparaître ouvert, réceptif face à l'évaluateur. Ne faites pas comme Philippe P. qui se souvient d'un entretien qui s'est mal terminé : *« Je pensais avoir énormément travaillé et atteint tous mes objectifs. Je n'ai pas compris pourquoi je n'ai pas été augmenté. J'en ai parlé. »* Avec le recul, il admet s'être surestimé.

Évaluateur

DÉPASSEZ L'ANALYSE QUANTITATIVE

Pour l'évaluateur, les objectifs ont été atteints ou pas. À la lumière de cette méthode, qui pourrait lui reprocher de manquer d'objectivité ? Pourtant cela ne le dispense pas de pousser plus loin l'analyse. *« Tout ce qui est chiffrable est chiffré, et le reste observé à la loupe. »*, explique Jean F., consultant. Ainsi, les rentrées d'honoraires ne dispensent pas d'examiner le déroulement des missions. Tous les moyens sont bons pour affiner l'évaluation, y compris la satisfaction des clients, systématiquement interrogés.

3/ Pour noter des compétences, il faut d'abord les définir

Savoir, aptitudes, attitudes... que comprennent les compétences ? Une faille annonce-t-elle un accident de carrière ou est-elle une opportunité de progresser ? Parle-t-on des compétences exigées aujourd'hui ou des talents nécessaires pour être promu demain ? Le débat est difficile, car dès qu'on évoque les compétences, l'ego n'est jamais loin.

Évalué

NE PRENEZ PAS LA CRITIQUE POUR UNE ATTAQUE PERSONNELLE

Que vous ayez déjà passé ou non un entretien d'évaluation, restez zen face aux questions qui vous seront posées. Et même si les questions portent sur vos aptitudes d'intégration au sein de l'équipe, sur votre capacité de résistance face au stress, sur votre égalité d'humeur... sachez mettre de côté votre amour propre. Montrez-vous capable d'autocritique ! Vous pourrez alors échanger avec votre supérieur hiérarchique des propos fructueux, riches d'enseignement et dissiper certains malentendus, certaines ambiguïtés. Bref, une vraie discussion !

Évaluateur

TENEZ-VOUS À VOS PROPRES CRITÈRES D'ÉVALUATION

TF1 caractérise chacun de ses 300 métiers types par cinq ou six compétences clés. Un tel répertoire des métiers et des compétences permet au manager d'analyser, pour chaque salarié, ses points forts, ses points satisfaisant et ses points à améliorer. Les comportements eux aussi, sont mis en grille. Au menu chez Essilor : sens de priorités, aptitude à planifier, capacité à communiquer, à déléguer, réactions face au changement... Reste que ces critères d'évaluation sont souvent liés à la culture de l'entreprise.

© APEC - Éditions d'Organisation (Groupe Eyrolles)

Ainsi, chez Publicis, érige-t-on la capacité à sortir des sentiers battus en modèle !

4/ Les objectifs, clés de voûte de l'entretien

Trop ambitieux, timorés, irréalistes... Difficile de se mettre d'accord sur des objectifs et les moyens de les mettre en œuvre. Mais à travers eux, l'évalué voit se dessiner son profil de carrière. Et de son côté, l'évaluateur répartit les rôles, prend appui sur les meilleurs et repositionne les moins bons. En clair, il fait un acte de management.

Évalué

FIXEZ-VOUS DES BUTS RAISONNABLES

Les objectifs balisent le terrain pour mieux cibler l'effort. Si le jeu est loyal... Et puis, il y a les aléas : les dossiers peuvent déraper pour des motifs hors de votre contrôle. Attention aussi à la cohérence de vos objectifs et des moyens, gare aussi à l'effet boomerang des « missions impossibles ». Reste que les challenges sont, en général, boosters de l'évolution professionnelle.

Évaluateur

RÉACTUALISEZ LES OBJECTIFS RÉGULIÈREMENT

De bons objectifs doivent être réalisables et motivants ; réalistes par rapport aux difficultés prévisibles ; pertinents dans le contexte du moment et assortis des moyens et de la délégation nécessaires. Ils doivent aussi être chiffrés ou exprimés en termes de comportements observables. Est-il pragmatique de fixer des objectifs à un an quand parfois la prévisibilité des entreprises n'excède pas quelques mois, voire quelques semaines? Dans ce cas, il est alors conseillé d'opter pour un bilan trimestriel.

5/ Formation : les secrets d'une démarche constructive

La formation n'est pas un problème, mais une solution. Elle intéresse le cadre, soucieux de sa carrière, et l'entreprise, désireuse d'exploiter le potentiel de ses collaborateurs. Pour la définir, il faut analyser les compétences. De quoi parle- t-on? De pallier un manque ou de préparer une promotion? Une belle occasion de faire le point.

Évalué

PRENEZ VOTRE CARRIÈRE EN MAIN

Difficile de dire à son chef : « Je ne suis pas bon, j'ai besoin de me former, d'être coaché... ». C'est pourtant la démarche conseillée. Rien n'empêche en effet, d'être à la fois ambitieux et... prudent. Aussi, si vous devez accéder à de nouvelles responsabilités, vous pouvez arguer pour demander une formation complémentaire et obtenir un feu vert de votre direction qui ne verra dans votre demande que sagesse, lucidité, maturité.

Évaluateur

ENVOYEZ UN MESSAGE POSITIF

« Plutôt que sanctionner, mieux vaut proposer un plan d'action pour redresser la barre. », préconise Jean-François P., responsable RH. C'est pourquoi, une offre de formation peut mettre de

© APEC - Éditions d'Organisation (Groupe Eyrolles)

l'huile dans les rouages. Vous troquez alors votre toge de juge contre le look du coach. Dès lors, plus rien n'est irrémédiable. Les vides peuvent être comblés, les comportements changer. Pas question pour autant de verser dans la facilité. La formation ne se distribue pas comme des bonbons. Avant tout, il convient d'identifier les formations adaptées et d'évaluer finement le niveau actuel, ainsi que le niveau visé.

6/ De nouvelles perspectives de carrière

Les grandes décisions ne se prennent pas durant l'entretien d'évaluation. Elles viendront en leur temps. En revanche, ce rendez-vous permet au salarié de confronter ses rêves au possible et de connaître les intentions de l'entreprise le concernant. Gare aux déceptions, mais qui ne demande rien, n'obtient rien.

Évalué

CLARIFIEZ VOS SOUHAITS ET EXPRIMEZ-LES

Pour devenir cadre, Nathalie M. a insisté sur le fait que ses activités dépassaient désormais celles d'une technicienne : animer une petite équipe, traiter une kyrielle d'informations pour être réactif, mettre en place des documents de supports...

Son argumentaire a fait mouche. Certaines entreprises favorisent même ce type de démarche. À preuve Le Livret d'évaluation managériale de 16 pages de la SNCF accessibles à tous sur Intranet. Ou encore Le Guide personnel de réflexion sur son activité professionnelle de TF1 qui incite les cadres à bâtir un projet en termes de missions, de responsabilités et de rémunération.

Évaluateur

ÉCOUTER SANS CRAINTE LES ASPIRATIONS DE VOS
COLLABORATEURS

Les chefs ne sont jamais très à l'aise avec la promotion de leurs subordonnés. Peur d'être supplantés, crainte de voir partir leurs meilleurs éléments sous d'autres cieux... Il est pourtant impératif qu'ils prêtent une oreille attentive aux aspirations de ceux-ci. Même s'ils n'ont pas les moyens de les satisfaire à court terme, le simple fait de se prononcer sur le potentiel de l'intéressé est déjà très important.

7/ La minute de vérité : signer ou pas ?

En règle générale, l'entretien permet de dresser un bilan serein de l'année écoulée, de dissiper les éventuels malentendus, d'évacuer les rancœurs... Bref, de repartir sur des bases plus assainies. Cependant, rien n'oblige les deux parties à s'entendre. La balle est dans le camp de l'évalué. À lui d'officialiser les désaccords.

Évalué

EN CAS DE CONFLIT, GARDEZ LA TÊTE FROIDE

Première formule : signer quoi qu'il advienne, quitte à assortir le formulaire, en cas de désaccord, des commentaires *ad hoc*. La fiche remonte à la direction des ressources humaines et les points de désaccords seront officialisés. Vous pouvez aussi refuser de signer, passer outre votre chef direct et aller en appel auprès de votre N + 2. «*C'est quitte ou double*, explique un consultant. *Soit*

© APEC - Éditions d'Organisation (Groupe Eyrolles)

vous gagnez en appel parce que vos arguments sont solides, soit vous perdez et les conséquences peuvent aller jusqu'à une mise à l'écart qui ressemblerait fort à incitation à la démission!»

Évaluateur

VOTRE MISSION NE S'ARRÊTE PAS À LA FIN DE L'ENTRETIEN

Si l'entretien se termine par «Tout est beau, à l'année prochaine», mais qu'il ne se passe rien dans la foulée, tout le système s'effondre. En général, le manager dispose d'un formulaire de synthèse pour transmettre les besoins de formation et les souhaits d'évolution à la direction du personnel. Question de crédibilité. Et, à court terme, personne n'ignore son rôle dans l'attribution des augmentations de salaires et des bonus!

Chapitre **4**

DE LA LOGIQUE DE POSTE À LA LOGIQUE DE COMPÉTENCES

Finies les carrières qui s'inscrivent dans la
durée. Fidélité et loyauté ne suffiront plus à vous
mener, en quelques dizaines d'années de travail
tout de même, vers une paisible retraite.
Aujourd'hui tout le monde mise sur la mobilité
et la multiplication des expériences. Sur la vie
professionnelle plutôt que sur la carrière.
Tout le monde, y compris votre entreprise
qui a tout intérêt à ce que vous preniez en main
votre évolution professionnelle. Mieux :
elle vous y aide de plus en plus. Pour ce faire,
elle organise votre parcours sur la base de
l'évaluation de vos compétences.

COMMENT ENVISAGEZ-VOUS VOTRE PROGRESSION PROFESSIONNELLE?

Vous êtes un adepte de la mobilité à tout crin ? Rassu-rez-vous : cette propension à la « bougeotte » qui, dans les années 80, vous aurait assigné au banc des instables, reflète aujourd'hui votre habileté à gérer votre vie professionnelle. Ce qui a changé ? Certes, un marché de l'emploi plus favorable aux mouvements, ces dernières années notamment. Mais surtout, une évolution radicale des mentalités qui a modifié en profondeur les rapports entre les salariés et leurs employeurs. Autrefois, votre carrière, dans la même entreprise, progressait au fil des années. Vous assuriez à votre employeur fidélité et loyauté. En retour, ce dernier vous « ménageait » une progression hiérarchique et salariale sans

accident. Ce pacte de confiance n'a pas résisté à la transforma-
tion des règles économiques (accroissement de la concurrence,
compétitivité, instabilité des organisations) qui a suivi la crise
des années 90 et son cortège de licenciements. Depuis, y compris dans un contexte économique plus favorable, vous avez
appris, comme tant d'autres salariés, à ne compter que sur
vous-mêmes. Pour apprendre à devenir l'«entrepreneur» de
votre carrière, être prêt à saisir toute opportunité de développement au sein de votre groupe, mais aussi à l'extérieur.

COMMENT ENVISAGEZ-VOUS VOTRE PROGRESSION ?

Aussi veillez-vous désormais à entretenir et faire fructifier
votre capital compétences, votre «employabilité», comme l'on
dit maintenant! Et votre entreprise n'est pas la dernière à
approuver cette stratégie… n'est-elle pas la première à exiger
de ses cadres, qu'ils deviennent plus autonomes face à leur
devenir professionnel ? Elle en formule même la demande de
manière très explicite lors de chaque évaluation: comment
envisagez-vous votre progression à l'intérieur de l'entreprise ?
Avez-vous des souhaits de formation ? Lesquels et pour quel
projet ? Quelle que soit la réponse apportée, cette évaluation
régulière a pour objectif de mettre en regard vos ambitions et
vos moyens, vos compétences acquises et celles requises
pour… développer un nouveau projet, manager une équipe,
monter en grade ou changer de métier. Au besoin, la formation
permettra de combler l'écart (ou points de progrès) observé
entre aspirations et compétences.

Si la part de l'évaluation va croissante, prenant en compte les
itinéraires et projets professionnels individuels, usant d'outils
tels que l'entretien ou le bilan de compétences (la formation

91

Évolution : à la recherche du rêve caché

« J'ai pour habitude de chercher « le rêve caché. »*, témoigne Nadine Ferdinand, consultante chez Futurestep Korn-Ferry et rompue à l'exercice de « chasse de têtes », y compris des profils les plus pointus. « *J'essaie de tester les motivations du candidat. Par exemple : si je dois recruter un chef de projet pour le compte d'une multinationale, mais que le cadre qui m'intéresse travaille dans une petite structure, ma première question sera : comment envisagez-vous votre évolution professionnelle ?* » Il me répondra peut-être : « *Ici, il n'existe pas de perspectives d'évolution hiérarchique pour moi.* » La technique consiste alors à le relancer sur le sujet et à l'inciter à parler de lui. « *S'il me dit qu'il a toujours travaillé dans des entreprises familiales, j'écouterai,* poursuit Nadine Ferdinand. *Puis, je reviendrai sur cette information pour savoir si son parcours dans ce type de structure résulte d'un choix délibéré (goût pour la proximité de la hiérarchie qui permet d'influencer les décisions, par exemple) ou s'il s'est imposé par une conjoncture économique. Somme toute, je mène le jeu des questions-réponses sur la base d'une écoute très fine. La manière dont l'autre se présente est toujours riche d'enseignements.* »

permettant d'ajuster la stratégie du cadre à celle de l'entreprise), c'est qu'aujourd'hui, nous sommes bien loin d'une gestion prévisionnelle des emplois et des compétences conduites dans le seul objectif de maîtriser des flux d'effectifs. Il n'en fut pas toujours ainsi. Autrefois, lorsqu'un salarié démontrait son savoir-faire dans un domaine, il se voyait confier davantage de responsabilités. Ainsi, passait-il du statut de salarié à la maîtrise, puis à l'encadrement, en fin de carrière. Le salarié entamait alors la troisième phase de son parcours, celle de la consolidation de sa situation professionnelle et matérielle : un emprunt immobilier remboursé, des enfants devenus auto-

DE LA LOGIQUE DE POSTE À LA LOGIQUE DE COMPÉTENCES

nomes... la retraite s'annonçait alors sous les meilleurs auspices.

Un tel schéma est aujourd'hui inenvisageable. Le pouvoir, hier basé sur l'autorité, se construit désormais sur un capital compétences incontesté, mais aussi, et surtout, sur la reconnaissance spécifique d'un savoir-être: il faut être capable d'expliquer, de motiver, de fédérer. Plus un cadre, aujourd'hui, ne définirait son statut en terme réglementaire. L'approche par projet, les organisations transversales, la disparition d'un management par l'autorité font que l'entreprise demande de

> Il n'existe et ne peut plus exister de futur tout tracé.

plus en plus à ses salariés d'être plus impliqués, plus responsables, plus autonomes... Et la logique actuelle des organisations tend à localiser le vrai pouvoir du côté des actionnaires, des cadres dirigeants – dont le reste de l'encadrement est très éloigné. Les décisions de ces actionnaires, qui entraînent des mouvements de restructuration et de constitution des vastes groupes, installent chez tous les cadres qui ne sont pas des «stratèges» – et donc au fait de ces grandes décisions –, un doute quasi permanent: perspectives d'un rachat, d'un arrêt de l'activité qu'ils ont en charge... Bref, il n'existe, et ne peut plus exister, de futur tout tracé et rien n'est définitivement acquis. Les cadres passent donc d'un parcours qui s'ordonnait de façon verticale (dont la lisibilité était donnée par la réglementation), à l'instar de celui de René V., à un parcours qui s'ordonne de manière horizontale. Ce passage s'effectuant, les hiérarchies s'aplatissent, le fonctionnement en réseau se généralise, l'approche par projet devient dominante et la nécessité de mobiliser les compétences diverses, quotidienne. Conséquence: l'essentiel du parcours du cadre n'a plus de lisibilité

© APEC - Éditions d'Organisation (Groupe Eyrolles)

Jean Muller, directeur commercial chez Péchiney, High Purity

« L'évaluation ?... Elle peut mener au cas de divorce, mais aussi galvaniser les troupes. »

Pour tout avouer, mon premier entretien d'évaluation fut une expérience frustrante, contre-productive, voire « castratrice » qui a failli me conduire au bord de la démission ! Fraîchement nommé directeur commercial chez Péchiney, je me suis retrouvé face à un évaluateur peu objectif et qui, par dessus le marché, manquait réellement de tact. Directif, péremptoire, ce manager avait d'avance décidé quelles seraient mes notes au niveau de la MGF (Maîtrise Globale de la Fonction). Évalué à 2 sur 5 (sans vraiment comprendre à quoi ma notation correspondait), j'ai été à deux doigts de partir. En revanche, la deuxième évaluation fut un soulagement et un bonheur. Mon évaluateur était un excellent manager qui avait le souci de l'autre et de son équipe. L'évaluation s'est alors révélée fructueuse tant au niveau de la fixation des objectifs, qu'à celui du bilan annuel. L'entretien nous a permis de « construire » et de dégager de nouveaux challenges. Bref, cet entretien m'a vraiment donné envie de me « défoncer » dans mon travail et dans mon métier ».

dans la réglementation et les entreprises, elles-mêmes, peinent à reconnaître ce qui fonctionne hors de la verticalité. Conséquence de tous ces bouleversements : plutôt que parler d'une relation entre un cadre et son entreprise (relation que l'on dit détériorée), il convient aujourd'hui d'évoquer celle, plus forte, entre un cadre et son métier. Le projet de vie professionnelle vise désormais l'enrichissement de ses compétences et le développent de son employabilité. Le parcours de René V., ancien cadre dans une entreprise française de lunetterie haut de

Les aptitudes du cadre

Nous l'avons souligné : les qualités les plus appréciées chez un cadre ou un haut potentiel sont aussi celles qui sont les moins mesurables. Un savoir-faire est toujours vérifiable. Il en va autrement du « savoir-être » qui se compose essentiellement de compétences « transversales » et « trans-férables ». L'Institut Sociovision-Cofremca a effectué pour *L'Usine Nouvelle*[1] une étude publiée par ce même magazine sous le titre « Être cadre aujourd'hui ». On y trouve un top des qualités les plus valorisées par l'entreprise, qualités « très sollicitées, mais peu mesurables ».

Les qualités les plus valorisées par l'entreprise
Taux de réponse en %

Ensemble des cadres

Savoir prendre des initiatives .... 81 %

Être autonome .... 80 %

Être compétent techniquement dans son métier.............................. 80 %

Savoir s'adapter aux situations nouvelles .... 79 %

Avoir un esprit de synthèse.. 79 %

Savoir organiser et gérer un projet.. 77 %

Appliquer les procédures .... 76 %

Qualités spécifiques à la catégorie « cadres encadrants »

Être un meneur d'hommes .... 78 %

Savoir organiser le travail en équipe .... 77 %

Savoir prendre des décisions rapidement .... 76 %

---

(1) Sondage réalisé auprès de 300 cadres de l'industrie. L'échantillon comporte 45 % de cadres ayant des fonctions d'encadrement et 55 % de cadres sans équipes.

gamme, est typique des progressions construites sur l'ancien modèle. Entré à 18 ans, sans le Bac, dans une entreprise spécialisée dans l'horlogerie, René V. a suivi un certain nombre de formations internes jusqu'à passer du statut de technicien à celui de responsable qualité. Vingt années ont ainsi passé. Mais un jour, René V. a du se rendre à l'évidence : son entreprise ne lui offrait plus aucune perspective d'évolution. Il l'a donc quittée pour une autre, spécialisée dans la micromécanique. Embauché au poste de responsable qualité, il s'est vu rapidement confier la conduite de plusieurs projets parallèles dans les unités de production de la maison mère (au Japon, aux États-Unis, en Angleterre, en Italie, en Suisse). Voilà, que tout juste après avoir passé quelques mois chez ce nouvel employeur, ce dernier pressait René V. de développer des compétences à l'international ! Lui, un cadre pur produit de la promotion interne, issu d'une PME franco-française ! *« On m'a demandé d'apprendre l'anglais en trois mois, quitte à le faire dans les salles d'aéroports ou entre deux réunions,* raconte-t-il. *Parallèlement, je devais piloter plusieurs projets à distance, contrôler les process de production, resserrer les budgets, tout en conservant une grande exigence de qualité... »* À chaque fois que René V. a demandé à réduire la cadence pour y voir plus clair, on lui a rétorqué : *« Si vous n'en êtes pas capable Monsieur, d'autres le sont... plus jeunes, moins chers ! »*

QUAND LES COMPÉTENCES DEVIENNENT OBSOLÈTES

Bien vite, René V. réalise qu'il fait figure de dinosaure dans un « cercle d'encadrement » fraîchement recruté et bardé de DESS, de DEA, de MBA... *« En trois ou quatre ans, on leur confiait des responsabilités que je n'avais obtenues qu'au bout*

© APEC - Éditions d'Organisation (Groupe Eyrolles)

de dix années de travail dans mon ancienne boîte. Ils étaient efficaces et, je le savais, moins bien payés que moi. », reconnaît-il en ajoutant: « *Mais très agressifs et individualistes. »* René V. ne se sent plus à sa place. Un matin, il se lève avec l'intention de donner sa démission. Coup du hasard: ce même jour, un émissaire du «grand patron» attend René V. à son bureau pour lui signifier son licenciement, l'invitant même à quitter l'entreprise sur le champ! Avec le concours d'un avocat, René V. parvient à négocier des indemnités de départ et achète un commerce sur la Côte d'Azur. Aujourd'hui, il fait part de son bonheur d'échapper à une entreprise et un management qui incitent chacun à toiser l'autre du regard « *Comme s'il était d'abord son concurrent avant que d'être son collègue ou son collaborateur. »*

En même temps qu'il se voyait contraint de quitter sa seconde entreprise, ce responsable qualité de 47 ans, découvrait que ses compétences pouvaient rapidement devenir obsolètes sur un terrain professionnel mouvant. Pire, il dut admettre que la jeune génération «encadrante» se montrait, plus souple, plus réactive. Une génération aux parcours très divers, mais similaires en rebondissements et matière de cumul de références sur leur CV. Et c'est ce qui étonne René V., lui qui a connu d'autres valeurs: « *Il y a trente ans,* explique-t-il, *vous mettiez sur la ligne de départ une vingtaine de cadres issus de la même promotion. Vous étiez quasiment certain de les retrouver à des postes équivalents en fin de carrière, alignant des parcours relativement homogènes. Ils étaient promus au sein de la même entreprise ou dans une autre, voire dans une troisième, mais il n'en fallait pas plus... la valeur du cadre se jaugeait aussi à sa stabilité et à sa loyauté envers son employeur. »*

LA DISPARITION DU SALARIAT DE CONFIANCE

Jusqu'au début des années 90, les recruteurs se méfiaient encore des parcours atypiques, mouvementés, instables. Des réflexes qui, aujourd'hui, ont disparu. Les règles ont changé. Les cadres ont découvert qu'ils étaient «jetables» et, comme tous les autres salariés, exposés au risque de la perte d'emploi (externalisation de fonctions non stratégiques, cession d'activité, fusion, acquisition, fermeture d'un site...). «*Nous assistons à la disparition d'un salariat de confiance et à la naissance d'une conscience salariale chez la plupart des cadres.*», analyse Paul Bouffartigues[1].

Le sentiment d'appartenance à l'entreprise s'est dilué. Surtout chez les plus jeunes. Interrogés[2] par l'Institut de l'Entreprise (Idep), ils n'étaient que 5% sur les 602 cadres sondés, âgés de moins 35 ans et diplômés de l'enseignement supérieur, à se dire fidèles à leur employeur. Au contraire de leurs aînés, ils n'attendent plus une progression professionnelle linéaire. Soucieux de pouvoir prendre en main leur destinée professionnelle, ils se fixent dans un temps donné, des objectifs en termes de mission et de rémunération. Pour ce faire, ils utilisent tous les outils de gestion de carrière mis à leur disposition par l'entreprise. Et principalement, le bilan et l'entretien d'appréciation. Dans son enquête annuelle Cadroscope 2002, menée auprès de 3 000 cadres du secteur privé, l'Apec relève qu'à la question «Maîtrisez-vous votre carrière?», 44% des cadres interrogés répondent par l'affirmative. Ils n'étaient que

(1) Voir « Pratique » (en fin de chapitre)
(2) Sondage IFOP pour le compte de l'Idep. Les jeunes cadres et leur entreprise. Mars 2001

© APEC - Éditions d'Organisation (Groupe Eyrolles)

37 % en 1996. Adoptant une attitude quasi «consumériste», les cadres entendent aujourd'hui choisir leur entreprise sur des critères qu'ils jugent prioritaires : responsabilité, autonomie dans l'organisation du travail, équilibre entre vie professionnelle et vie personnelle, perspectives de progression professionnelle et reconnaissance des performances individuelles en termes de rémunération. Oubliée la carrière ascendante aux étapes prévisibles, sur 30 ou 40 années ! Mais, prévient

> Les cadres sont devenus des « consommateurs » qui veulent choisir leur entreprise.

Maxime Legris, co-rapporteur de l'étude de l'Idep, ces nouveaux comportements ne remettent pas en cause l'implication des cadres dans leur travail. Ils sont au contraire toujours prêts à donner beaucoup de leur temps et de leur énergie. Mais ils y mettent une condition : bénéficier en contrepartie, d'une forte reconnaissance !

On est loin du réflexe «sécurité de l'emploi», symptôme des années de crise. Comme le prouve l'expérience de Julien N. Repéré, dès la fin de ses études, par un gros constructeur automobile français, Julien N. est embauché comme ingénieur. Dix-huit mois après son arrivée, il égrène un chapelet de griefs contre son entreprise : sans fonction précise, il attend, comme d'autres jeunes ingénieurs recrutés en même temps que lui, la libération de postes ou l'arrivée de nouvelles commandes pour découvrir la nature exacte de sa mission et l'intitulé de sa fonction. Plus personne, depuis l'entretien d'embauche, n'ose évoquer avec lui une possible évolution à l'international… pas de feed-back non plus sur son travail, ses compétences, sa place dans l'entreprise ! *« L'entretien annuel… connais pas ! »*, précise-t-il amer. Julien N. qui se sait bien payé pour un débutant,

99

se refuse à admettre une telle situation, même bien rémunérée. Il cherche un vrai poste *« Pour ne pas m'encroûter. J'ai véritablement envie de travailler, de me perfectionner, de vivre une vie d'entreprise, de pouvoir m'inscrire dans une logique de progrès, de développement personnel... »* Julien N. n'a guère de doute. Il sait que ses aspirations ne pourront désormais se concrétiser qu'à la faveur d'un changement d'entreprise qui lui permettra de « faire » et d'« apprendre ».

BÂTIR DES SCÉNARIOS D'ÉVOLUTION PERSONNALISÉS

L oin de déplaire aux entreprises et aux managers, ce changement de mentalité des salariés, contraint tout de même les DRH à adopter une gestion de carrière quasi-individuelle. D'autant plus que les éléments de personnalité comptent pour une part croissante dans l'évaluation des performances. Les gestionnaires de ressources humaines ne travaillent plus sur des plans de carrière à l'échelle de groupes de salariés. Désormais, ils s'évertuent à proposer à chaque salarié, des scénarios d'évolution personnalisés. Les entreprises ont ainsi encouragé la mobilité interne et établi, autant que faire se pouvait, des passerelles entre leurs différents métiers ou leurs différentes filiales. Moteur d'une évolution individuelle de carrière, la mobilité se présente désormais comme l'un des ressorts essentiels d'une politique de motivation. Elle permet également, dans un contexte de changement plus fréquent d'entreprise, de pouvoir remplacer plus facilement, ceux qui partent. Devenues, elles aussi, interchangeables, les entreprises travaillent de leur côté, à la fidélisation de leurs meilleurs éléments. Notamment en s'engageant auprès de leurs nouvelles recrues, à tout mettre en place pour leur assurer une évolution rapide et les formations nécessaires au développement de nouvelles compétences. Mais elles doivent tenir leurs promesses: *« Si je recrute un jeune à qui j'assure: vous serez formé et je vous garantis de pouvoir devenir dirigeant d'une PME en peu de temps,* explique Hervé Lhomme, DRH de Sodexho. *Je dois tout mettre en œuvre pour lui assurer cet avenir professionnel. Si, au bout de cinq ans, je recrute quelqu'un en externe... ce collaborateur qui n'aura pas vu mon engagement se concrétiser, partira! »*

LA MOBILITÉ *VIA* L'INTERNET

Faciliter la promotion interne, à tous les niveaux, est l'un des objectifs que s'est fixé Sodexho. Les postes vacants sont publiés dans les bulletins internes. Les perspectives d'évolution et les attentes personnelles sont épluchées par un comité «Hommes et structures» composé de directeurs régionaux et de la DRH. Ce comité analyse, un par un, tous les entretiens annuels d'appréciation des performances des cadres. il décide alors de l'orientation professionnelle individuelle, de la formation ou du développement des compétences. Soit par le biais de l'école de formation «maison» ou de cabinets de formations extérieurs. Une politique qui s'avère payante puisque 60 % du personnel d'encadrement et gérants de Sodexho (900 au total) sont issus de la promotion interne! Pari identique chez Electrolux qui encourage la mobilité interne, *via* l'Intranet. Y sont proposés tous les postes à pourvoir en France et à l'international. Résultat: un turn-over externe qui n'atteint pas les 8 % !

© APEC - Éditions d'Organisation (Groupe Eyrolles)

Laurent Gianesello, responsable financier et ressources humaines
chez Gris Découpage

«Oui, on apprend à devenir manager. »

«Au fur et à mesure du développement de l'entreprise, nous avons initié
les responsables de production au management en les formant aux techniques de communication, de conduite d'entretien. Mais, six mois après...
nous étions loin des résultats escomptés. Peut-être parce que nous
n'avons pas su les aider à progresser dans leurs techniques de management. Nous avons alors refait le point avec chacun. Nous avons également
établi un contrat social dans lequel nous les responsabilisons dans leurs
missions et les incitons à la performance individuelle et en équipe. Une
charte de management engage chaque manager envers ses collaborateurs, notamment en matière d'écoute et de stimulation de leur créativité.
Tout en leur donnant les moyens de l'exercer. »

L'Intranet et le bulletin interne ne sont que les supports traditionnels de la mobilité. La partie visible de politiques de ressources humaines, plus complexes, qui gèrent le court terme et
la prospective des carrières individuelles et des métiers. Pour
mieux cerner les attentes de leurs collaborateurs, les managers
et les DRH se réfèrent aux entretiens annuels d'évaluation,
aujourd'hui très formalisés (objectifs réalisés et à venir, souhaits de mobilité professionnelle ou géographique…). Tout le
travail du management consiste alors à trouver les points d'in-
tersection entre les souhaits des salariés et ce que l'entreprise
peut offrir. L'entretien individuel est véritablement devenu le
pivot de l'évolution. *«Aucun entretien annuel d'appréciation
sérieux ne ferait l'impasse sur les questions d'évolution,* insiste

Nathalie Loux, consultante international chez Franklin Covey. *On y parle systématiquement de l'avenir. Celui qu'envisage le manager, celui qu'entraperçoit le managé. Se projète-t-il dans le même poste, dans un autre poste, une autre région ou encore dans un poste différent, mais sans quitter sa région... les grands groupes offrent plusieurs combinaisons possibles.* » Ce n'est pas uniquement au manager qu'il appartient de projeter le salarié dans un avenir professionnel possible. *« Si un collaborateur de l'entreprise est intéressé par un poste, il peut et doit le faire savoir,* conseille Thierry Herzog, DRH des Brasseries Heineken. *Et sans attendre le rendez-vous annuel. Il faut être capable de saisir une opportunité. Ceux qui progressent sont, bien souvent, allés chercher la leur.* » Certaines entreprises, comme Würth, se livrent même à des entretiens individualisés à la demande. *« En plus du rendez-vous mensuel d'appréciation des objectifs que chacun s'est fixé,* précise Christian Chappuy, chef des ventes régional, division véhicules. *En plus aussi du bilan semestriel au cours duquel on discute de l'orientation de carrière, des projections de chacun dans l'entreprise, des souhaits, mais aussi des frustrations... »*

> « On discute des souhaits, mais aussi des frustrations. »

D'autres grands groupes comme Cetelem sont allés plus loin en créant un poste spécialisé dans la gestion de carrière des cadres. Le rôle de ce gestionnaire consiste, entre autres, à mener des entretiens avec chaque cadre, au moins une fois tous les dix-huit mois. Ces entretiens sont complémentaires des entretiens annuels conduits par le hiérarchique. L'intérêt de la démarche est triple : le gestionnaire, à l'inverse du hiérarchique, dispose d'une vision des besoins de l'entreprise à court et moyen terme ; il connaît aussi les opportunités dans

Faire un bilan de compétences avec l'Apec : « Perspectives Bilan Orientation »

La session « Perspectives Bilan Orientation », une méthode spécifique menée au sein d'un groupe de 5 à 7 cadres, s'adresse à des cadres en activité ayant au moins cinq années d'expérience professionnelle et qui souhaitent déterminer une nouvelle orientation professionnelle. Au terme de cette session, ils auront appris à :

- bâtir des scénarios d'évolution possible à court, moyen terme et long terme.
- être l'acteur de leur évolution, en ligne avec l'entreprise, pour mieux s'adapter au changement de leur environnement professionnel.
- à passer de la réflexion à l'action.

« Perspectives Bilan de Compétences »
S'adressant au même public que le Bilan Orientation, Il permet d'élaborer et valider un projet à partir des compétences. L'objectif de la session (en groupe) est :

- analyser ses compétences professionnelles et extra professionnelles, ainsi que ses aptitudes et motivations afin de formaliser un projet profession-

nel ou de formation réaliste et argumenté.
- acquérir ou retrouver une confiance en soi au travers une méthodologie de gestion de carrière.
- s'entraîner à communiquer sur soi et sur un projet face à un groupe.

« Perspectives Bilan de compétences individuel »
Il est destiné au cadre en activité qui souhaite recenser ses compétences, développer et argumenter un projet professionnel en travail individuel avec un spécialiste du pilotage de carrière de cadres en entreprise. Son objectif est :

- repérer et formaliser les compétences professionnelles et extra-professionnelles.
- recenser les axes de développement possibles.
- développer un projet réaliste et argumenté.
- acquérir une confiance en soi.

Après entretien d'information, sans engagement, ce bilan individuel se déroule au cours de cinq entretiens de face à face sur deux mois environ + suivi.

l'ensemble du groupe; enfin, le cadre peut s'exprimer plus librement que s'il était face à son N + 1 et est assuré de ne pas passer entre les mailles du filet, par simple oubli... Arcelor et Sanofi-Synthélabo ont mis en place des «comités de carrière» chargés de repérer les «hauts potentiels» et des organigrammes de remplacement pour les postes principaux. Au cas où... Les réflexions de ces comités sont nourries des informations récoltées lors des entretiens individuels et des bilans de carrières. Dans la même logique, ont été créées les comités de métiers dont le but est d'évaluer l'évolution des différents métiers et d'établir une cartographie des nouveaux besoins.

L'ÉPREUVE DE LA « VITALITY CURVE »

La logique d'individualisation de la gestion des carrières est poussée à son extrême avec «les hauts potentiels» qui bénéficient d'une attention digne d'un traitement de faveur: gestion anticipée de carrière, formations, salaire conséquent complété de stock-options, bonus, retraite privée... Tous les moyens sont bons pour s'attacher les talents de cette «hyper classe mondiale» qui évolue sur le marché international. General Electric, sous la férule du redoutable Jack Welch, s'est même focalisé sur les meilleurs des meilleurs, capables, bien entendu, d'en faire la démonstration en se soumettant à l'épreuve de la «vitality curve» qu'il décrit dans son livre[1]. Cette courbe d'évaluation partage les salariés en trois catégories et dans des proportions fixes: les meilleurs (20 %), les vitaux (70 %) et les mauvais (10 %). Chaque manager devait, coûte que coûte, désigner son quota des «mauvais de la classe» et leur indiquer

---

(1) Voir « À lire » (en fin de chapitre)

la porte de sortie! Dur! Quant à l'ancien P-dg de General Electric, il explique que ces lanternes rouges auraient, un jour ou l'autre, été remerciées…!

Si une bonne gestion individualisée des carrières a, pour effet, de motiver et de créer une saine émulation, elle peut aussi, faute de critères d'éligibilité clairement définis, démotiver les collaborateurs de l'entreprise. Et, selon un autre sondage réalisé par l'Institut de l'entreprise[1] en 2001 : en France, la politique de gestion des cadres n'est formalisée que dans 30 % des entreprises!

_____

(1) Enquête nationale pour la gestion des cadres

DÉSUÈTE, LA NOTION D'ANCIENNETÉ

Face à cette mobilité interne encouragée, les salariés, sommés de se montrer toujours plus performants, sont contraints de s'interroger à un moment ou un autre de leur parcours, sur la valeur de leurs compétences. La notion, si elle peut paraître abstraite pour le néophyte, recouvre des dimensions concrètes et multiples pour l'entreprise. Autant les connaître et apprendre à les utiliser car chacun de nous recèle une richesse de compétences que l'on peut réellement qualifier de « capital » au service de la gestion de sa carrière !

Lorsque l'on évoque les « compétences », l'écrasante majorité d'entre nous se focalise sur le domaine technique, l'expertise ou la spécialisation : Pierre ou Sophie sont compétents parce que capables de faire… Les professionnels des ressources humaines, eux, en ont une vision à la fois plus large et plus précise : *« Par compétence, j'entends le savoir-faire, le savoir et le savoir-être. »,* explique Jean-Marie Mignot, responsable développement des RH chez Electrolux Home Produits Blanc.

Une définition à laquelle souscrit Caroline Durand, responsable de l'offre mobilité à l'Apec, qui estime, par ailleurs, que derrière la notion de compétences se décline une identité professionnelle: «Qui suis-je? Qu'est-ce que je vaux? À quoi puis-je prétendre dans mon entreprise ou sur le marché de l'emploi?»

La logique de compétence prend le pas sur la qualification et rend totalement désuète la notion d'ancienneté. EDF a décidé de s'affranchir des traditionnels intitulés de fonctions au profit du «répertoire métiers» qui passe en revue l'ensemble de ses métiers et dresse, pour chacun d'entre eux la liste des compétences requises. IBM propose à ses salariés, après avoir effectué un exercice d'auto-évaluation, de se positionner, *via* une banque de données à usage interne, sur l'éventail des compétences internes. Bull propose, depuis 1996, à ses salariés d'auto-évaluer leurs compétences en répondant au questionnaire proposé par le logiciel Agil. Pour les uns comme pour les autres, le but du jeu est bien d'encourager les collaborateurs à devenir acteurs de leur carrière.

« DES USINES À GAZ DONT ON NE TIRE RIEN DE CONCRET. »

C'est sur la base des compétences que s'opère désormais l'évaluation des salariés dans toutes les grandes entreprises. Le virage s'est opéré au sein de la sidérurgie sinistrée pour guider la reconversion des salariés. *« C'est de cette époque que datent les bilans de compétences dans les entreprises. »*, rappelle Caroline Durand. Par ailleurs, l'aplatissement des structures hiérarchiques dans les grandes entreprises, le développement du travail par projet, en réseaux planétaires, *via* des entités spécialisées, ont accéléré le mouvement et eu définitivement raison

Un bilan de compétences pour gérer sa carrière

Le bilan des compétences est le socle de tous les outils de gestion de carrière et non l'apanage de salariés en difficulté. Prévu par l'article L.900-3 du Code du travail, il permet de faire le point sur les aptitudes et les attentes professionnelles et personnelles d'un salarié. Il peut notamment déboucher sur une formation.

Le salarié, pour en bénéficier, doit justifier de cinq ans de travail dont douze mois dans l'entreprise.

Procédure : Le salarié demande d'abord à son employeur un congé pour effectuer ce bilan. L'employeur doit répondre dans les trente jours et ne peut reporter son autorisation d'absence plus de six mois. L'employeur peut demander au salarié d'effectuer ce bilan, et le salarié lui répondre par la négative.

Ne pas se tromper de cible : dans quel contexte je veux effectuer cette formation ? Dans quel(s) objectif(s) ? Pour quel projet (?)... En amont de la prise d'une nouvelle fonction ? En aval, donc pour valider un projet ? Parce que je veux évoluer, mais ne sais vers où ?

Financement : par un organisme paritaire type Fongecif ou directement par l'employeur. «Certains cadres le financent eux-mêmes, parce qu'ils veulent être totalement libre de leur réflexion.», observe Caroline Durand, responsable de l'offre mobilité à l'Apec.

de la logique de poste. De la gestion prévisionnelle des emplois et des compétences (GPEC) très en vogue dans les années 80, ne subsiste, aujourd'hui, que le sentiment d'avoir construit des *« usines à gaz dont on ne tire rien de concret. »*, jugent Hervé Lhomme et Jean-Marie Mignot. La gestion des compétences prend le pas sur la gestion des emplois, malgré toute la difficulté de prévoir les évolutions des métiers et des organisations. Comme l'ont souligné les intervenants au colloque «Comment vont évoluer les métiers et les organisations ?» organisé, en septembre 2001, par l'Institut d'Administration des Entreprises. Ainsi, la Commission enseignement supérieur de l'Union des industries chimiques a prédit l'évolution attendu du métier d'ingénieur chimiste vers un savoir-faire d'entrepreneur (capacité à identifier et sélectionner les opportunités, développer des stratégies entrepreunariales, maîtriser les risques industriels, prendre des décisions dans un environnement complexe…). L'organisation du développement des compétences doit donc passer par la formation continue.

DES TALENTS ET D'ABORD DES MANAGERS !

Comme le fait observer Thierry Herzog : la mission la plus délicate, la plus difficile de celles qui sont confiées à un cadre, c'est le management des équipes. Or, c'est précisément sur cette aptitude à manager que le cadre est jugé : capacité à animer, à fixer des objectifs à ses collaborateurs et faire en sorte qu'ils les atteignent. Pour être convaincu de l'importance croissante de ces talents dans la sélection de l'encadrement, il suffit de répertorier le nombre de fois où les entreprises soulignent, dans leurs offres d'emploi, qu'elles recherchent des « talents » et d'abord des « managers » ! Une fois en place, c'est à ces leaders qu'il appartiendra d'obtenir le meilleur de leur équipes. En cas d'échec, l'atterrissage peut s'avérer difficile.

Les P-dg des grands groupes n'échappent pas à la règle, que l'on débarque de leur poste sans autre formalité. Robert Ayling, ancien patron de British Airways, en sait quelque chose pour avoir été remercié au bout de quatre ans d'exercice faute de n'avoir pas réussi à souder son équipe ni à convaincre le personnel de la compagnie. Ses évaluateurs ? La communauté financière et les actionnaires !

Les compétences sont devenues l'objet de toutes les attentions. Et les entreprises utilisent toutes les techniques d'éva-

111

luation possibles pour détecter les écarts et les corriger par la formation. Une formation d'une journée, de plusieurs mois, au contact du terrain ou dans un centre spécialisé... *« De nos jours, la formation a forcément un ancrage professionnel. »*, rappelle Thierry Herzog. Les demandes formulées par les salariés sont généralement les bienvenues et perçues comme un signe de dynamisme. Elles doivent, en revanche, être argumentées, budgétées et profiter à l'entreprise.

En permettant à un salarié de suivre la ou les formations qui lui permettront d'évoluer, l'entreprise renouvelle le contrat de confiance qu'elle a noué avec lui. Mais ce n'est pas le cas de tout un ensemble de salariés : tous ceux dont la carrière semble figée parce que leur métier est voué à disparaître et qui peinent à se reconvertir, les non-performants selon le verdict des évaluations, les non- anglophones, les autodidactes, les faiblement diplômés... et les seniors ! Ces derniers comptent parmi ceux qui accèdent le moins souvent à la formation et sont les premiers marginalisés : selon les calculs de l'Apec, plus du tiers des cadres au chômage ont 50 ans et plus et les seniors n'ont été concernés que par 3 % des recrutements réalisés par les entreprises en 2001 !

Sites web
http://vosdroits.service-public.fr/ARBO/1101-NXTRA313.html
www.cibc-est-francilien.com
www.cibc.net
www.cibc-idf.net

• L'Apec (Association Pour l'Emploi des Cadres).
51, boulevard Brune. 75689 Paris Cedex 14. www.apec.fr
N° Azur : 0 810 805 805[1]

(1) prix appel local (sauf d'un téléphone mobile)

Tout savoir du bilan de compétences
• «Méthode Déclic pour conduire votre projet professionnel», Ouvrage collectif, 2001, 326 pages, Apec/Éditions d'Organisation. 17 €
• «Entreprendre un bilan de compétences», par Arnaud d'Aboville, Marie-Madeleine Bernié et Pierre-André Carpentier. Collection «Efficacité professionnelle», 2000, 226 pages, Éditions Dunod. 14,94 €

À lire :
Sur les compétences et des méthodes d'évaluation
• «Compétences et performances, une alliance réussie», par Claude Fluck, 182 pages. Éditions Demos. 28,81 €
• «Ingénierie et évaluation des compétences», par Guy Le Boterf, 3ᵉ édition, 2001, 539 pages. Éditions d'Organisation. 40,70 €
• «Gestion prévisionnelle des emplois et des compétences», par Françoise Kerlan, 2000, 168 pages, Éditions d'Organisation. 23,30 €
• «Cadres : la grande rupture», sous la direction de Paul Bouffartigues, 2000, 348 pages, La Découverte. 33,54 €
• «Ma vie de patron», par Jack Welch, 2001, 448 pages, Éditions Village Mondial. 30 €
• «Évaluer et rémunérer les compétences», par Valérie Marbach, 1999, 208 pages, Éditions d'Organisation. 23,90€

> SODEXHO MITONNE LES PARCOURS

C hez Sodexho, on aime la mobilité. En France, l'entreprise compte 25 000 salariés sur près de 3 000 sites dont 900 cadres. Chaque année, 300 d'entre eux évoluent en interne et sont immédiatement remplacés, soit par le biais de la promotion interne (200 personnes) et/ou par recrutement externe (100 personnes). Les femmes représentent un tiers des jeunes cadres recrutés... premier pas vers la parité. Tous les postes à pourvoir dans l'entreprise sont systématiquement proposés à l'ensemble des cadres. La DRH a mis en place un comité «Hommes et structures» composé de directeurs régionaux et du directeur des ressources humaines. Ce Comité a pour mission d'examiner l'ensemble des entretiens d'appréciation et d'en extraire les attentes des collaborateurs. Dans un deuxième temps, le comité étudie l'adéquation possible entre les souhaits de mobilité, les compétences internes et leur adéquation avec les besoins de l'entreprise : *«À cette phase, nous sommes dans l'appréciation verbale, le salarié concerné n'est pas présent*, explique Hervé Lhomme. *Le N + 1 présente l'évaluation de son collaborateur, enrichie de ce qu'il sait de lui. Il dira par exemple : voilà quelqu'un* d'attaché à telle région ou : je ne l'imagine pas à telle fonction ou encore : il peut s'orienter vers telle ou telle mission. Si les directeurs régionaux de la région souhaitée par l'évalué ont un poste à lui proposer, on le note immédiatement. On peut aussi permettre à un salarié de quitter son poste au terme de l'exercice, parce que son souhait de mobilité est exprimé depuis deux ans maintenant. En fait, ce comité permet de procéder à la mise en commun des ressources et d'étudier, ensuite, les possibilités de satisfaire les souhaits de mobilité. À la fin de ce premier «round», deux listes sont dressées : d'une part, ceux qui restent à leur poste et, d'autre part, ceux qui doivent évoluer vers un autre poste à court terme, voire de toute urgence parce qu'ils ont déjà émis une demande depuis un an ou deux.

Notre deuxième analyse prend en compte l'évolution des besoins de l'entreprise et de ses ressources humaines. Ce qu'Hervé Lhomme appelle : «La gestion en chambre des ressources humaines». Une demi-journée de travail à huis clos, durant laquelle vont se prendre les grandes décisions. Par exemple : dans un contexte de fort développement d'activités, mieux vaut compter de nombreux souhaits d'évolution de la part des salariés. Et encourager les formations si les compétences sont là! À ce stade, notre rôle est d'évaluer, en termes de ressources humaines, la capacité de l'entreprise à se développer sur de nouvelles activités, de nouveaux projets, de nouveaux marchés à l'international. Ce comité «Hommes et structures» nous permet d'obtenir un niveau d'évaluation relativement bon, car nous n'y pratiquons pas la langue de bois. Le «parler» y est libre.»

Chapitre **5**

PLUS DE SAVOIR-FAIRE SANS SAVOIR-ÊTRE

Et les managers, comment sont-ils choisis?
Comment détecte-t-on leur aptitude à mener,
diriger, partager, responsabiliser, développer,
déléguer? Comment découvre-t-on, au-delà
du «savoir-faire» technique (hier constitutif
de l'autorité de compétences), ce «savoir-être» qui,
aujourd'hui, est devenu la clé d'une brillante
évolution de carrière? Pas si facile de devenir
manager. Et les exemples ne manquent pas pour
montrer qu'il ne suffit plus d'être un bon technicien
pour devenir un excellent entraîneur d'équipe.
C'est pourquoi l'entreprise insiste sur l'évaluation
de votre savoir-être au moment de vous recruter ou
de vous promouvoir. Conséquence: les salariés
se voient désormais proposer une double évolution
de carrière, vers l'expertise et le management.
Laquelle choisiriez-vous?

EN MATIÈRE
DE SAVOIR-FAIRE,
TOUT EST
VÉRIFIABLE

Il est d'usage, en France, qu'un Bac +4 vous ouvre la voie d'accès au statut cadre (62 % des jeunes diplômés interrogés par l'Apec en 2001 avaient accédé à ce statut et 91 % d'entre eux, dès l'embauche)[1]. Mais, au-delà de la stricte appartenance au statut, la notion d'encadrement revêt, dans l'entreprise, des réalités différentes. Trois cas de figures se rencontrent le plus souvent : le cadre intégré à une équipe ou qui travaille seul dans une toute petite entreprise ; le cadre manager, chargé d'orienter le travail d'une équipe vers des objectifs déterminés et reconnu pour son expertise dans son métier et sa capacité à gérer les hommes ; enfin, le cadre dirigeant, celui qui s'est propulsé dans les hautes sphères de la direction. Ce cadre dirigeant, en plus des qualités qu'il partage, au départ, avec ses

---

(1) Source : in Courrier Cadres

© APEC - Éditions d'Organisation (Groupe Eyrolles)

homologues, possède des compétences très particulières : sa faculté à saisir rapidement les enjeux stratégiques, financiers et managériaux d'une activité. Sa capacité également à anticiper. Plus le niveau hiérarchique est élevé, plus les compétences à caractère stratégique et comportemental sont déterminantes. Mais, au début de leur vie professionnelle – et quelle que soit la catégorie à laquelle ils finiront par appartenir –, tous les cadres construisent leur trajectoire en développant leur savoir, leur savoir-faire (et faire faire) et leur savoir-être. Ce dernier constituant le fameux fil rouge de tous les exercices d'évaluation effectués dans le cadre d'une embauche ou d'une promotion future.

UN COUP DE FIL SUFFIT À COINCER LES BLUFFEURS

C'est autour de ce triptyque incontournable que s'articule, et avec plus ou moins de difficultés en ce qui concerne l'évaluation des compétences comportementales, les procédures d'appréciation des facteurs de réussite. Directeurs des ressources humaines et recruteurs ne le cachent pas : détecter les différents niveaux de maîtrise du couple «savoir/savoir-faire», est un exercice à la portée de tout professionnel entraîné aux techniques de l'entretien. Car tout est vérifiable : affirmez-vous votre aisance dans la langue de Shakespeare ? Un entretien pratiqué dans la langue parlée Outre-Manche, permet immédiatement de savoir si votre anglais est aléatoire ou maîtrisé. Vous certifiez vous webmaster ? Qu'importe si le DRH qui vous reçoit en entretien n'est pas un familier de la «Toile», puisqu'il vous soumettra au jugement d'un expert. Vous déroulez par le menu, l'ensemble de vos précédentes et – trop –brillantes réalisations ? Un simple coup de fil suffit à coincer les bluffeurs !

Individualisation des rémunérations : comment vendre vos résultats ?

Ne comptez plus sur les augmentations générales pour améliorer votre niveau de rémunération. Ni sur les grilles salariales traditionnelles. La tendance est à l'individualisation des rémunérations et à l'augmentation de la part variable dans le salaire d'un cadre. La part fixe pouvant, elle, varier de 80 à 90 %. Selon les enquêtes «Rémunération» réalisées par l'Apec, trois quarts des cadres bénéficient actuellement de cette forme de rémunération individualisée, principalement les dirigeants (à hauteur de 20 % de leur salaire annuel) et les cadres commerciaux (15 à 50 %). Les hausses de salaires enregistrées en 2000-2001 ont été marquées par l'élargissement de la rémunération variable à la quasi-totalité des cadres, y compris dans les filières techniques.

La rémunération compte, désormais, une part fixe et ce fameux variable composé de primes, bonus, participation aux bénéfices, options sur titre (moins courues aujourd'hui pour causes de déconvenues), des systèmes de retraite par capitalisation ou de prévoyance, des avantages en nature, tels que des réductions sur des billets d'avion ou sur les achats dans certains magasins... Certains cadres négocient même un téléphone mobile ou un ordinateur portable. Ainsi, selon l'enquête «Rémunération» de l'Apec, 62 % des cadres déclarent avoir bénéficié en 2001 au moins d'un équipement fourni par l'entreprise (téléphone et/ou ordinateur portable). D'autres préfèrent jouer dans la cour des grands et n'hésitent pas à demander une voiture ou un logement de fonction. Le top du top pour «les hauts potentiels» est de se faire financer les formations les plus coûteuses dans le domaine du management, voire des MBA Outre-Atlantique. Même si vos ambitions sont plus modestes, ne négligez pas ces compléments car, mis bout à bout, ils confortent réellement votre salaire.

Reste que le variable est, par définition... fluctuant. Mais, sachez aussi, qu'entre ralentissement de la conjoncture et nécessité de motiver les meilleurs, les politiques salariales doivent trouver un juste équilibre. N'adoptez donc pas le profil bas. Ne délaissez pas vos ambitions d'améliorer votre niveau de vie. Comprenez ce que l'entreprise récompense et affûtez votre stratégie en analysant les rémunérations pratiquées sur le marché : lisez les enquêtes salaires publiées par les journaux, épluchez les annonces, interrogez vos proches, naviguez sur le Web... bref, situez-vous et évaluez votre marge de manœuvre.

Compte tenu de ce fort mouvement d'individualisation des rémunérations et les pratiques salariales qui en découlent, votre âge, votre diplôme, votre ancienneté ne vous seront plus d'un grand secours. Ce qui compte ? c'est votre contribution et votre rôle au sein de l'entreprise. Sachez mettre en avant vos performances individuelles. Ce qui suppose que vous en ayez une idée précise («Combien de salariés sont-ils capables de décrire, en quelques mots, leur métier ? Bien peu.», rappelle un DRH). Les entretiens annuels d'évaluation servent à cela. Et si vous n'avez pas encore eu droit à cet effet «miroir», provoquez la rencontre avec votre supérieur hiérarchique. Cette démarche volontariste (mais en aucun cas brutale) vous permettra de vous distinguer du lot. Rien de plus fatal pour une carrière que de cultiver la modestie au point de raser les murs. Faites connaître et reconnaître votre expertise, calculez le coût de votre remplacement, les économies que vous générez à votre poste, listez vos initiatives, tout ce qui concourt à la tenue des objectifs (exemple : le respect des délais). Soyez attentifs aux retours d'images que vous renvoient les autres. Ce jeu d'observation gagnera en efficacité, si vous le complétez par un état des lieux de vos réalisations, de la teneur exacte de vos responsabilités et du chemin parcouru à votre poste. L'exercice vous donnera des arguments pour la négociation. Enfin, relâchez vos propres freins : la crainte de l'épreuve de force, de parler argent, la peur de l'échec, de la frustration. Mettez les chances de votre côté... tapez à la porte de votre «boss», mais au bon moment, pour vous et pour votre entreprise.

En revanche, plus complexe – parce que nécessitant davantage de temps – est l'évaluation de vos compétences comportementales dans un environnement professionnel. Mais, depuis ces dernières années des méthodes sophistiquées sont venues à la rescousse des évaluateurs européens. Parmi elles, le 360° et l'assessement center que nous avons déjà présentés. Mais, revenons sur ce dernier, qui permet de juger le candidat en situation professionnelle réelle. Exemple de situation possible : le cadre testé est supposé recevoir un collaborateur mécontent de sa mutation. Durant tout le temps que va durer cet entretien entre le manager et son collaborateur, les observateurs notent si l'évalué est à l'écoute des arguments de l'autre. Des arguments tels que la situation professionnelle de l'épouse, la crainte de perturber la scolarité des enfants ou la difficulté de vendre rapidement une maison dont toutes les traites ne sont pas payées.

> Chaque salarié a un rôle à tenir dans une équipe en fonction de sa personnalité.

« Parfois des candidats m'ont épaté. », reconnaît Nadine Ferdinand, consultante chez Futurestep Korn-Ferry en se souvenant d'un responsable d'atelier, syndicaliste, qui, faisant montre d'une forte empathie, a réussi à tempérer la fureur (simulée) de son interlocuteur.

L'exercice peut prendre parfois la forme de travaux de groupe, notamment pour les recrutements de masse. *« Nous avons appliqué cette méthode pour l'embauche d'une centaine de collaborateurs chez MCC Smart*, poursuit Nadine Ferdinand. *Nous leur avons demandé de construire une pièce automobile en équipe. Nous observions qui mettait la main à la pâte, qui relayait l'absence de l'autre, qui ne faisait rien, qui prenait le leadership, qui formulait des observations perti-*

Catherine Kuntz, consultante Apec

«Le manager est à la fois animateur et coach.»

«Le chef d'antan distribuait les consignes. Sans vraiment se soucier de la manière dont ses messages ou ses attitudes étaient perçues. Aujourd'hui, le manager d'équipe doit donner du sens à ces consignes. L'idéal est, même, qu'il les définisse clairement, avec son équipe, après avoir discuté ensemble, des objectifs. Il vaut mieux fixer des objectifs humbles et les atteindre. Car tous auront participé à leur définition. En impliquant chacun selon sa personnalité, le manager obtient de meilleurs résultats. Ainsi, l'un de ses objectifs est, bien sûr, d'animer son équipe, mais aussi chaque individu qui la compose. En cela, le management s'individualise. Poussé à l'extrême, c'est le coaching.»

nentes. *Le but étant de déterminer, chacun dans son rôle, le bon animateur d'équipe, le bon opérateur, le créatif, le méthodique...* » Preuve, s'il en faut, que chaque salarié a un rôle à tenir dans une équipe en fonction de sa personnalité et pas exclusivement, de ses compétences techniques.

Les tests de personnalité sont à ce titre très utiles et efficaces. Non pas pour sonder les méandres de votre inconscient, mais pour repérer en vous, la présence de caractéristiques jugées prioritaires pour un poste donné. On peut ainsi chercher à mesurer votre dynamisme, votre stabilité émotionnelle, votre ascendant sur les autres, votre motivation dans le travail (argent? pouvoir? réalisation de soi?...), votre capacité à écouter. Pas question

> Ce n'est pas le poste lui-même qui est en cause, mais tout le reste.

123

– en théorie – de déraper dans la sphère privée. Mais les contre exemples ne sont pas rares. Le profil qui se dégage des tests de comportement s'attache à relever si le candidat présente de bonnes prédispositions intellectuelles, une bonne capacité d'analyse, un esprit de synthèse, de l'empathie, une résistance au stress… Pour information, sachez que la loi vous autorise à demander le résultat de votre évaluation et que les entreprises ne sont pas forcément opposées à la démarche.

Reste que, et malgré la prolifération des outils dont dispose l'évaluateur, le risque de laisser dans l'ombre un aspect de votre personnalité, déterminant peut-être, n'est pas totalement écarté. Ce qu'a pu vérifier Sandrine J. qui s'est interrogée sur la pertinence des questions qui lui ont été posées au moment de son recrutement chez un constructeur automobile allemand. Il est vrai qu'elle s'était employée, durant l'entretien, à convaincre ses interlocuteurs de la valeur de sa candidature. *« Avec mon bagou et un solide argumentaire construit à partir de mes réalisations dans une petite entreprise de transport toulousaine. »*, se souvient-elle. Mais lorsque son hiérarchique lui propose de prolonger sa période d'essai, Sandrine J. refuse. Ce n'est pas le poste lui-même qui est en cause mais *« tout le reste »* qui la rend mal à l'aise : son nouvel environnement, la complexité des informations, leur nouveauté, la difficulté à les « digérer » en si peu de temps, à s'adapter à une culture allemande, à percevoir rapidement l'impact de son travail comme elle en avait l'habitude dans son ancienne structure… Bref, Sandrine J. avoue, sans fausse honte, avoir manqué d'endurance et de capacité à s'adapter au changement.

© APEC - Éditions d'Organisation (Groupe Eyrolles)

PERFORMANT, MAIS MANAGÉRIALEMENT PAS CORRECT

Plus le niveau de formation des salariés et des jeunes diplômés est élevé, plus les parcours professionnels deviennent globalement homogènes et plus les compétences techniques sont disponibles sur le marché. La différence entre les uns et les autres se fait donc, et de plus en plus, sur les compétences comportementales. En particulier, nous l'avons montré, sur l'aptitude au management, véritable sésame des belles évolutions de carrière, que l'on occupe un poste opérationnel ou fonctionnel. En matière d'évaluation comportementale, les entreprises définissent leurs propres critères rédhibitoires. Chez Sodexho, par exemple, les recruteurs jaugent très sérieusement les capacités du candidat à travailler dans une entreprise de services et, en particulier, ainsi que sa disposition à considérer son métier sous l'angle de la convivialité. *« Nous posons alors des questions sur l'ouverture d'esprit du candidat et son intérêt à autrui. »*, précise Hervé Lhomme, DRH. Une ouverture d'esprit qui se mesure, par exemple, aux activités et centres d'intérêt hors activité professionnelle ou aux études effectuées: *« Nous recevons parfois des dossiers*

125

béton. Mais malgré le degré d'expertise du candidat, son comportement peut très rapidement révéler son incapacité à devenir un bon manager. », tranche-t-il. On peut être performant, mais « managérialement pas correct » !

Thierry Herzog, DRH des Brasseries Heineken à Strasbourg, cite l'exemple d'un cadre au top techniquement, mais qui, hélas, collectionnait les gaffes et les bourdes. *« Le type même de l'erreur de management, récurrente chez lui, était de critiquer régulièrement certains collègues, de jurer par monts et par vaux* « celui-ci, je ne le supporte pas, on ne peut rien en tirer »... *à la longue, il s'était brouillé avec tout le monde et ne pouvait plus travailler avec les autres. Quand on se grille de la sorte, on peut le payer des années durant et parfois même passer dix ans à s'en remettre. »*, assure Thierry Herzog qui, concernant ce cadre, dût *« passer à l'heure de vérité »* et conclure en lui proposant un outplacement, à 32 ans. Au bout du compte, ce jeune cadre trouvera à se placer ailleurs, en à peine deux mois de recherche. L'aptitude du management a pris de l'importance avec le développement du travail en équipe, le travail par projet et la révolution des mentalités qui s'en est suivie : *« C'est d'abord une question de méthodes,* rappelle Thierry Herzog. *Nous ne sommes plus au début du 20ᵉ siècle où l'on fonctionnait par autorité hiérarchique ou par autorité de compétences. »* Désormais, l'entreprise attend de ses managers qu'ils soient des animateurs disposant d'un pouvoir de décision certain qui leur confère la légitimité d'orienter les hommes et les actions et, si nécessaire, de redistribuer les rôles : *« Le manager joue donc son rôle de « boss » et, par moment, celui de coach. »*, poursuit Thierry Herzog.

> « Quand on se grille de la sorte, on peut le payer des années durant. »

Muriel Autino est responsable du personnel chez SMBC,
une banque d'affaire japonaise implantée à Paris

« Choisir les formations. »

« Chez SMBC, le système d'appréciation du personnel repose sur un formulaire d'évaluation, défini en fonction du poste et des objectifs à
atteindre. Tous les cadres sont ainsi évalués. La méthode permet de
vérifier, dans un premier temps, si les objectifs de l'année ont été
atteints. Puis, dans un second temps, de re-paramétrer les prochains
objectifs. Ce formulaire permet également d'évaluer les qualités et les
compétences des salariés : Untel est apte à diriger un service, il a le sens
du leadership, il possède les connaissances techniques et professionnelles ou bien encore il est assidu et coopératif. Autre point positif du
système : il permet de bien choisir les types de formations utiles aux
cadres à court et à moyen terme. »

Ce savoir-faire est à ce point important que la direction des
ressources humaines des Brasseries Heineken vient de mettre en
place, dans l'ensemble de ses sites, un programme de formation
baptisé « Parcours Cadres », dont la philosophie repose sur *un
apprentissage permanent et continu au service de la performance.* » Le volet formation managériale (composé d'un tronc
commun et qui se déroule sur deux ans) s'articule autour de
deux éléments clés : « la prise de fonction » pour accompagner les
tous nouveaux managers, parallèlement à « la maîtrise des bases
de management », la conduite de « l'entretien de développement », « l'efficacité de réunion », modules destinés à l'ensemble
de la population cadre. D'autres modules spécifiques (telle que
la prise de parole en public) sont mis en œuvre en fonction des

127

besoins individuels. «*Le parcours de formation managériale assure, au sein de l'entreprise, une cohérence des comportements en matière de management tout en contribuant à créer une identité des Brasseries Heineken.*», précise Thierry Herzog.

« ON PEUT CHANGER GRÂCE AUX FORMATIONS. »

L'exemple du brasseur n'est pas un cas isolé. Toutes les entreprises misent sur le potentiel managérial de leurs cadres qu'elles s'attachent à développer, par la formation. Reste à savoir si les séminaires et formations au management permettent vraiment de transformer le cadre en manager. Quel est, en effet, leur degré d'efficacité sur la durée? Ce DRH ce pose souvent la question en considérant son propre exemple: «*J'ai beau me former à la gestion du temps et à l'organisation, regardez mon bureau…*», dit-il en pointant des dizaines de «post-it» multicolores et la montagne de dossiers qui feraient douter de son ordre. Et de conclure d'un air complice: «*Chassez le naturel il revient au galop!*» Ce qui ne l'empêche pas de prêcher les vertus de la formation. «*Il n'existe peut-être pas de recette miracle, mais on peut changer grâce aux formations.*», affirme Marie-Alix Forest, co-dirigeante de la société de formation (management, vente, efficacité personnelle) Participe Futur. «*Croyez-moi, pour travailler depuis vingt ans dans ce métier, je vous assure que l'on obtient de réels changements. Mais il ne sert à rien de vouloir s'approprier les outils, si on n'a pas travaillé en amont sur son comportement.*», prévient-elle. Pour tirer les bénéfices d'une formation, il faudrait donc commencer par «*défricher le terrain et penser au suivi, quitte à envisager le coaching. Il faut également tenir compte du contexte dans lequel vous travaillez: votre direction vous donne-t-elle les outils*

nécessaires pour effectuer un véritable changement? On risque,
quelquefois, de n'offrir qu'une bouffée d'oxygène avec la for-
mation. Le succès d'une formation
implique une volonté de changement **« La formation, oui...**
commune au salarié et aux directions **Mais bien plus**
concernés, en créant les conditions du **structurante est**
changement.» Une précision que
Marie-Alix Forest ne sous estime **l'école de la vie.»**
jamais devant ses clients.

« *La formation au management délivre des mots clés et des*
outils de réflexion pour conceptualiser les démarches et favori-
ser l'ouverture d'esprit à d'autres manières de faire», analyse
Catherine Kuntz, consultante Apec. *Mais bien plus structu-*
rante est « l'école de vie»., juge-t-elle. *Le parcours de vie peut*
en effet favoriser l'émergence de certaines composantes mana-
gériales: une personne qui a dû travailler très tôt a forcément
assumé un certain nombre de responsabilités; une autre qui a
voyagé a sans doute forgé une forte capacité d'adaptation; le
niveau d'implication dans des structures extra profession-
nelles...» Encore faut-il pouvoir jauger de la manière dont la
personne a incarné son rôle: dans la peau d'un animateur?
celle d'un guide? D'un dirigeant plus ou moins autoritaire...?
« *Car,* poursuit Catherine Kuntz, *deux managers pour le même*
poste, ne vont pas donner le même mode de management. De
plus, ce rôle qui confère quand même un certain pouvoir, peut
inciter certains à en abuser. »

129

ON PEUT
SE FORMER
AU MANAGEMENT.
MAIS...

ompétences très recherchées chez leurs futurs managers : l'initiative personnelle, la souplesse, l'autonomie, la communication, la capacité à fédérer les
hommes autour des objectifs de l'organisation, à
superviser leur travail, à savoir les récompenser, mais aussi à les
sanctionner... Bref, un vrai Superman, un peu plus fin et
diplomate tout de même : expert, charismatique, autoritaire,
mais également capable de moduler son comportement selon
les situations : tantôt au-dessus de ses collaborateurs, tantôt à
leur niveau et parfois même en retrait, quand il faut tirer de
l'ombre les plus effacés. Pas évident, lorsque l'on débute, de
pouvoir aligner de telles qualités. Surtout si l'on est catapulté à
la tête d'anciens collègues, sans y avoir été préparé. Un chal-
lenge dont Fabrice O., jeune ingénieur, s'est remis, non sans
garder, quelques morsures à l'âme. Depuis deux ans dans une
grande entreprise spécialisée dans le nettoyage de sites indus-

triels, Fabrice O. a trouvé des collègues de son niveau d'âge, d'expertise et de qualification. Il s'est bien évidemment lié d'une amitié plus ou moins forte, avec les uns et les autres. Il se fait même remarquer pour sa popularité, ses performances et sa propension à aller toujours de l'avant, en entraînant les autres. *« Si un technicien hésite à grimper sur la cheminée d'une usine parce qu'il pressent un risque, j'en discute avec lui. Et si je ne détecte aucun danger je lui propose de monter avec moi. »...*

« IL Y A TOUJOURS DEUX OU TROIS PERSONNES QUI CONVOITENT VOTRE POSTE. »

Bref, Fabrice O. jouit d'une forte crédibilité jusqu'au jour où son manager lui propose de diriger ses collègues. Le jeune ingénieur accepte et fête, chez lui, la nouvelle. En méconnaissant, c'est bien normal, ce conseil de Bertrand Poulet, consultant management chez Demos : *« Il y a toujours deux ou trois personnes qui convoitent votre poste... »*. Très vite, le jeune manager observe les premières manifestations d'animosité au cours d'une réunion d'information hebdomadaire avec le N + 2. *« Une collègue me coupait la parole. Mon copain le plus proche s'est levé pour jeter un coup d'œil à sa voiture garé sur un parking payant. »* Le N + 2 comprend rapidement la situation : *« Êtes-vous certain de vous faire entendre de votre équipe ? M'a-t-il demandé en précisant : je vous dis bien « vous faire entendre » et non pas « vous entendre » avec elle. »* Fabrice O. ne tarde pas à admettre : devenu manager, il n'a rien changé à ses habitudes. Et se comporte encore en copain avec ses anciens collègues. Résultat, ces derniers ne le considèrent pas comme leur chef. *« Un bon manager n'a pas nécessairement besoin d'être aimé, ni de*

131

IBM retient 11 points clés pour détecter les managers et les cadres à hauts potentiels

Focus to win	(Se motiver et se concentrer pour réussir)
Customer Insight	(Sens du client)
Breakthrough thinking	(Esprit d'ouverture et de renouvellement)
Drieve to achieve	(Ténacité)
Mobilize To execute	(Se motiver dans l'exécution)
Team Leadership	(Faculté de diriger une équipe)
Straight Talk	(Dire les choses telles quelles sont)
Teamwork	(Faculté de travailler en équipe)
Decisiveness/Decision Making	(Sens de la détermination)
Sustain momentum	(Maintenir l'élan)
Building Organisation Capability	(Sens de l'organisation)
Coaching/Developing Talent	(Avoir le sens du coaching pour développer les talents)
Personal Dedication	(Charisme)
Passion for the Business	(Engagement dans son domaine professionnel)

rechercher l'adhésion affective de son équipe.», prévient Marie-Alix Forest.

L'erreur, en l'occurrence, est que Fabrice O. n'a pas été préparé à ses nouvelles fonctions: «*Personne ne m'a dit ce qu'il fallait faire, comment je devais me comporter*, proteste-t-il. *Je n'avais même jamais pensé aux qualités d'un chef.*» Il redressera la situation en quelques mois au prix de lourds sacrifices amicaux: «*Finies les virées nocturnes avec mes amis*

collègues. Terminées les parties de pétanques. » Fabrice
O. s'emploie également à faire respecter les délais, en relevant
les retards des uns et des autres,
mais toujours en tête à tête, *« Il*
faut pouvoir agiter l'épouvantail
de la sanction, mais aussi laisser à
l'autre la possibilité de se
corriger. » La métamorphose ne
s'est pas faite sans douleur: *« Je*

> « Je me suis blindé,
> mais, en même temps,
> j'ai l'impression d'avoir
> mûri, brutalement. »

me suis blindé, mais, en même temps, j'ai l'impression d'avoir
mûri, brutalement. », assure Fabrice O.

Bien sûr, un bon manager sait écouter, conseiller, aider son
équipe à évoluer. Il détecte les facteurs d'amélioration des performances de ses coéquipiers et de ses missions. Il est reconnu
et considéré comme un exemple à suivre, notamment pour sa
capacité à responsabiliser et donc, à déléguer! Ce dernier critère est plus important qu'il n'y paraît. Car si le manager
concentre toutes les fonctions, toutes les décisions, tôt ou tard
ses troupes le lui reprocheront, à mot couvert ou à cœur
ouvert. Francis Gris, le P-dg de Gris Découpage, leader européen dans la fabrication de rondelles métalliques à usage
industriel, a non seulement eu le courage d'entendre cette critique, au retour des résultats d'un 360° qu'il s'est lui-même
« infligé », il a également amorcé le changement dans son
propre comportement ainsi que dans celui de ses managers. *« À*
la création de l'entreprise en 1984, explique-t-il, *j'étais*
l'homme-orchestre. En 1996 [quand le sondage a été réalisé la
toute première fois], *le fait de dépasser le seuil des 80 salariés*
m'oblige à déléguer et à me concentrer sur des décisions straté-
giques. » Une réunion mensuelle permet désormais aux agents
de maîtrise de soulever auprès de l'encadrement, les difficultés

de tout ordre et de suivre l'application des mesures. «*Nous proposons aux agents les augmentations de salaires et l'affectation des hommes d'un poste à un autre, en cas de besoin*, précise Laurent Gianasello, responsable financier et ressources humaines. *Le principe de délégation s'applique progressivement.*»

Pourquoi est-il difficile de déléguer? «*Parce que bien des managers pensent qu'ils tiennent leur autorité de leurs compétences techniques auxquelles ils leur doivent, en grande partie, leur promotion.*», répond Nadine Ferdinand, consultante chez Futurestep Korn-Ferry. La consultante cite le cas d'un candidat à la direction d'une filiale française, qui, de son propre chef, a pointé ses lacunes dans le domaine de la gestion financière. Un aveu reçu très positivement. Nadine Ferdinand l'a donc interrogé: «*Comment pensez-vous y remédier?*» «*En me formant.*», lui répond-t-il. La consultante insiste: «*Est-ce à vous d'assumer cette mission?*» La réponse du candidat ne se fait pas attendre: «*Je me formerai pour pouvoir contrôler.*» La volonté «d'y arriver» est très présente chez ce candidat. Mais Nadine Ferdinand ne la perçoit pas comme positive: «*Tant qu'il n'est pas sûr de lui dans un domaine, quel qu'il soit, il ne fera pas confiance à quelqu'un d'autre. Et ne déléguera pas.*», conclut-elle.

COMPÉTENCES PASSERELLES OU TRANSVERSALES

Cette difficulté à déléguer est l'héritage des anciens patrons, alors meilleurs ingénieurs ou meilleurs financiers des entreprises. On parle d'ailleurs «d'autorité de compétences». Ce qui suppose implicitement qu'il existe d'autres types d'autorité. Mais, aussi brillantes soient-elles, ces compétences ne suf-

© APEC - Éditions d'Organisation (Groupe Eyrolles)

Gérard Fournier, Dg de Boyden Interim Executive

«Un haut manager ressemble à un "cap-hornien".»

«Chez Boyden Interim Executive, un cabinet spécialisée dans le recrutement de cadres dirigeants et supérieurs, l'évaluation se veut plus factuelle que psychologique. Nous travaillons dans le concret dans la mesure où le candidat est évalué à partir de son parcours professionnel. Nous lui demandons, par exemple, quel était son impact dans le poste qu'il occupait précédemment. Six critères de sélection ont été fixés :

1. **Le leadership** : à partir de ce paramètre, sont évaluées les vraies aptitudes du cadre à mobiliser et impliquer ses collaborateurs dans une stratégie d'ensemble
2. **Une religion du résultat** : que le cadre soit à la hauteur des résultats qu'il s'était fixé au début de l'année
3. La capacité à entretenir un **sens de l'urgence** : que le cadre ait un pouvoir de réactivité, quelles que soient les circonstances, qu'il demeure toujours en état d'action et de veille
4. La capacité **à comprendre les enjeux** et la vision du groupe
5. D'être une **force de proposition** et d'informations pour l'entreprise
6. D'avoir, envers l'entreprise, un **devoir d'inquiétude permanente** : anticiper le changement au sein de son propre business. Un haut manager, c'est un peu comme un «cap-hornien», un navigateur franchissant toutes sortes d'obstacles.

fisent plus à promouvoir un cadre au rang des managers. Il en est d'autres, indispensables. Comme celles que nous développons à notre insu, au fil de nos missions, des changements de fonctions, de notre passage d'une entreprise à l'autre, au

135

contact des clients, des collaborateurs… Pour les repérer, rien de tel qu'un bilan de compétences ou une analyse continue sur la multiplicité des compétences auxquelles nous faisons appel dans l'exercice de nos fonctions. Il faut alors parler de compétences «passerelles» ou «transversales», c'est-à-dire qui se situent à la frontière entres les fonctions. Mais, pour que ces compétences, dites «transversales», dynamisent le plus possible une évolution professionnelle, elles doivent être, en même temps, «transférables». Autrement dit, elles n'existent pas seulement en fonction d'un contexte de travail donné, d'un environnement particulier, mais sont exportables à d'autres univers. Ces compétences «transférables» répondent à la complexité croissante des activités professionnelles et permettent de rebondir d'une mission à l'autre, de changer de fonction, d'évoluer. Un atout indiscutable du pilotage individuel de carrière, car les métiers et les fonctions ne sont plus aussi figés qu'auparavant.

Devenir manager ? Mais peut-être n'avez-vous aucun goût pour le management, ni pour la surenchère de galons. Rassurez-vous, vous en avez le droit. Un droit que l'entreprise respecte. *« Pensez alors à orienter votre carrière vers des missions plus techniques ou vers l'encadrement de petites équipes de trois ou quatre personnes.* », conseille Thierry Herzog. Catherine Kuntz, consultante Apec, elle, relativise. *« On peut être bon manager dans un contexte et moins bon dans un autre. Cela dépend également de sa nature et de sa personnalité. Si, par exemple, je suis dirigiste, je vivrai probablement mieux à la production que dans un cabinet conseil. »* Si tous les cadres ne sont pas appelés à manager de lourdes équipes, *« la dimension communication, elle, reste importante et le deviendra de plus en plus. Car un cadre, même s'il n'encadre pas un nombre important de coéquipiers, doit s'intégrer dans un réseau.* », analyse-elle. Dans un rythme de vie professionnelle soutenu, le manager est mis à contribution pour préparer ses équipes aux changements. Aussi fréquents soient-ils. Pour ce faire, il doit emporter leur adhésion.

Trois clics pour évaluer votre salaire :

www.lexpansion.com : enquête annuelle L'Expansion avec le cabinet Hewitt. Principaux chiffres significatifs, intégralité des tableaux poste par poste.

www.apec.fr : enquêtes annuelles sur les salaires des cadres.

www.tchooze.com : pour questionner directement les salariés de l'entreprise qui vous intéresse.

À lire :

• **«Évaluez votre employeur. Changez d'entreprise... ou restez!»,** par Guy Desaunay. Un ouvrage qui donne les grilles nécessaires à une évaluation précise de l'entreprise qui vous emploie, sur des dimensions essentielles, des relations humaines à la finance. 2001, 208 pages, Éditions d'Organisation. 17,90 €

• **«Savoir réussir ses projets»,** par J. Fiehl, 2000, 124 pages, Éditions Retz. 14,90 €

• **«Conduire un entretien d'évaluation»,** par Pascale Malassingue, 2000, 136 pages, Éditions d'Organisation. 19,90 €

• **«Comment gérer efficacement son supérieur hiérarchique»,** par Guy Desaunay, 1998, 184 pages, Éditions Dunod. 15 €

> GRIS DÉCOUPAGE SONDE SES RESSOURCES HUMAINES POUR LES OPTIMISER

Francis Gris, P-dg de Gris Découpage, leader européen dans la fabrication de rondelles métalliques à usage industriel, a surpris ses salariés en leur demandant de l'évaluer... Non sans arrière-pensées : le test faisait partie d'un sondage qui a servi de tremplin à la mise en place de nouvelles méthodes de management, en phase avec la croissance économique exponentielle de l'entreprise : créée en 1984, la Société basée à Lesménils (Meurthe-et-Moselle) a réalisé, un an après, 0,76 M € (5 MF) de chiffre d'affaires et... 12 M € (82 MF) en 2001, tout en faisant passer ses effectifs de 10 salariés à 99 actuellement. Aux yeux du P-dg, l'exercice était le point de départ d'une démarche plus générale : détecter et résoudre les problèmes de management pour poursuivre la progression du chiffre d'affaires. «Gris Découpage est à la fois une PME et un leader sur le marché international, analyse Laurent Gianesello, responsable financier et ressources humaines. *L'entreprise est donc confrontée, en permanence, à la concurrence asiatique, espagnole, polonaise... Ce qui nous a incités, en 1996 et à l'initiative de Francis Gris, à revoir nos méthodes de management.* »

Chez Gris Découpage, le principe du management par l'exemple a montré ses limites face à la croissance interne et aux défis de la concurrence mondiale. *« Depuis sa création, la taille de l'entreprise a changé, les machines ont proliféré, leur complexité s'est accrue, les effectifs ont explosé*, résume Francis Gris. *Face à cette explosion technique et des effectifs, les dirigeants ont été nécessairement moins présents dans l'atelier et la vertu de l'exemplarité a donc moins bien fonctionné.* »

Le P-dg en a tiré les conclusions et mis sur pied une stratégie.

À partir d'un 360°

Avec l'aide d'un cabinet parisien spécialisé dans le conseil en ressources humaines, Gris Découpage met au point un sondage inspiré de la méthode d'évaluation à 360° feed-back, qui lui est adapté. Deux objectifs : mesurer le degré de satisfaction des salariés et évaluer l'opinion des collaborateurs sur leurs supérieurs hiérarchiques.

En 1996, première année de réalisation de ce sondage, l'entreprise compte 6 cadres et 66 salariés. Le questionnaire leur est envoyé. Il rencontre un franc succès (90 % de taux de réponse !). Et pourtant, l'annonce de l'opération avait suscité quelques réticences. Laurent Gianesello se souvient : *« Certains pensaient que c'était une façon de les repérer... Ils ont été surpris de l'invitation au debriefing du sondage.* »

Les réponses à la question : « Comment vous sentez-vous chez Gris Découpage ? » font apparaître une satisfaction générale, mais à des degrés décroissants au fur et à mesure que l'on descend dans l'organigramme.

Les plus grosses surprises viennent du deuxième volet du sondage, consacré à l'évaluation des supérieurs hiérarchiques, jusqu'au haut de la pyramide. Les questions sont franches : « Que pensez-vous de Francis Gris ? » ; « Quelles sont ses qualités humaines et professionnelles ? » ; « Quels sont ses défauts ? » ; « Quelles sont vos attentes vis-à-vis de lui ? »... Les réponses manuscrites, mais anonymes, sont envoyées à Paris pour y être saisies, afin d'éviter tout soupçon d'analyse graphologique. Résultat : *« Nous avons appris des choses que l'on ne s'imaginait pas. »*, raconte le DRH. Même Francis Gris, le P-dg n'échappe pas à la critique : « distant... prend de la hauteur... ne passe plus systématiquement dans l'atelier *« pour dire bonjour le matin »*... Les quelques managers qui manient encore la carotte et le bâton, en prennent pour leur grade. Mais le sondage révèle également l'émergence de fortes aspirations à davantage de délégation de pouvoir et de responsabilisation des agents de maîtrise. Et pour tous, plus de communication et d'information sur la marche de l'entreprise.

Francis Gris perçoit positivement les messages de ses collaborateurs et décide un « train de mesures managériales ». Une réunion mensuelle permet désormais aux agents de maîtrise de soulever, auprès des cadres, les difficultés de tous ordres. Le principe de délégation se met en place progressivement. Lui-même organise des réunions d'information, au coup par coup, sur les points stratégiques de l'entreprise. Il reprend aussi le chemin de l'atelier, à chaque fois que son agenda le lui permet. Gris Découpage introduit le principe de la boîte à outils, pour stimuler l'esprit de création, et lance le journal *Gribouillages*, rédigé et lu par les salariés.

De quoi contribuer à améliorer l'information et la communication.

Un contrat social

Doublement certifié, QF 9000 (norme automobile mondiale) et Iso 9000, Gris Découpage ne compte pas s'arrêter en si bon chemin. «*Notre but est de nous améliorer constamment,* affirme Laurent Gianesello. *D'où l'intérêt de savoir si l'ensemble du personnel se sent concerné par les objectifs.*» Pour l'encourager, une convention est établie avec chaque collaborateur, définissant les droits et devoirs des deux parties, sur la base d'un «contrat fourniture». La rémunération, par exemple, est corrélée à la performance, depuis l'année dernière. Une performance récompensée par une prime variable de productivité qui incite chaque collaborateur à la réalisation d'objectifs communs et par une prime individuelle qui récompense la qualité de son travail, son assiduité, sa responsabilisation. L'évaluation apprécie aussi l'effort individuel réalisé pour l'intégration effective d'un nouveau venu. La valeur ajoutée des métiers dont l'activité n'est pas directement mesurable, est évaluée à l'aune d'objectifs à échelle annuelle, tels que la limitation des stocks, le taux de service au client, le taux des litiges, etc.

Une charte du management

En marge de ces engagements globaux, les cadres ont droit à une piqûre de rappel sous forme de mini 360° feed-back qui leur a permis de vérifier s'ils s'étaient améliorés -ou au contraire, dégradés- aux yeux de leurs proches collaborateurs. *« La première fois, ce n'est pas évident de recevoir la critique*, reconnaît le DRH. *Pour le second tour, on est un peu mieux préparé. Toutefois... »* À cet exercice de jeu des miroirs, personne n'est assuré de sortir indemne. Il faut être beau joueur et savoir digérer quelques remarques sur son *« langage vert »* ou *« cru »* ses *« fautes d'orthographes qui, pour un cadre, font tache ! »* ou encore ses *« coups de gueule »* trop fréquents, à l'égard de la même personne.

Cette mise à plat de tous ces « petits travers » a permis d'élaborer « une charte du management » dans laquelle les huit cadres dirigeants de l'entreprise s'engagent, entre autres, à affiner leur écoute de leurs collaborateurs, à stimuler la créativité en lui dédiant les moyens nécessaires. Gris Découpage a également introduit la Gestion Prévisionnelle des Emplois et de Compétences (GPEC) à tous les niveaux de service. L'avantage est de pouvoir dessiner les contours de chaque poste d'une manière précise, d'en définir les objectifs au travers les entretiens d'évaluation, et les moyens pour les atteindre. *« La promotion interne est ainsi favorisée. »*, ajoute Laurent Gianesello.

LES SURPRISES DE L'ÉVALUATION INFORMELLE

Le DRH d'une grande entreprise internationale
la qualifie d'«évaluation de mi-temps». Elle se
pratique à la cantine, au restaurant, au cours de
séminaires ou d'activités de groupe. Elle permet
de tester votre capacité à cultiver des réseaux,
à soigner vos relations avec vos collaborateurs
ou vos clients, à vous exprimer... Personne
n'échappe à l'évaluation informelle. Une chose
est sûre : là où la couleur de votre cravate peut
vous inscrire à la hausse, celle de votre costume
peut faire dégringoler votre cote ! En l'absence
de règles écrites et pour ne pas commettre
d'impairs, une seule solution : détecter dans
votre environnement professionnel, les valeurs
qui comptent. Et savoir que, contrairement
aux idées reçues, l'habit fait toujours le moine.

MANCHES
COURTES ?
EN ÉTÉ
SEULEMENT !

« **C**e jour, je voudrais le gommer de ma mémoire. », confie Christine A. en nous racontant son entretien de recrutement chez un opérateur téléphonique en Île-de-France. Ce jour-là… la partie semblait pourtant bien engagée : deux entretiens téléphoniques préalables avaient permis à Christine A. de démontrer son intérêt pour le poste de responsable marketing téléphonique à la tête d'une équipe de sept télé-prospectrices. Et de s'être montrée convaincante, puisque convoquée à un entretien. Mais, sur place, le directeur marketing et la responsable de communication, après lui avoir tendu une main molle, la prient de patienter dans le couloir… Mauvais signe, pense Christine A.

L'entretien déroule le menu traditionnel des questions : formation, missions précédentes, motivations pour le nouveau poste. L'issue, elle, est plus inattendue : « *Madame, vous n'êtes pas faites pour le commercial,* conclut le directeur marketing sans aucune autre transition. *Je dirais même que vous n'êtes pas faite pour le travail. Je vous imagine vous occupant d'un intérieur somptueux et des relations publiques de votre mari... Au fait, quel est son métier ? »...* Déstabilisée, Christine A. répond que son mari vient de perdre son emploi de responsable de promotion dans une radio régionale, suite à la fermeture de la station. Elle ajoute cette précision inutile : *« Nous sommes séparés, il vit en Bretagne et moi ici, à Grenoble. »* Le directeur de marketing, tourné vers la responsable de communication, lâche un *« Tout cela est logique ! »*, qui fait monter le fard aux joues de Christine A., déjà fragilisée par le chômage et le départ de son conjoint. Aujourd'hui encore, elle se souvient de cet instant d'horreur, de ce moment où elle en a trop dit. Elle se souvient également du visage placide de la responsable de communication qui, pour toute forme d'adieu, lui a tendu ce sac à main posé, par inadvertance, sur son bureau !

ELLE AVAIT « ENFILÉ » SON PLUS BEAU TAILLEUR ROUGE !

Cet épisode douloureux s'est déroulé durant l'hiver de 1993. Avec le recul et un peu plus de «bouteille», Christine A. met son échec sur le compte de son allure. Décalée au point, admet-elle aujourd'hui, de jeter un froid. Croyant bien faire, elle avait «enfilé» son plus beau tailleur, rouge et noir rehaussé de quelques boutons dorés... Face à elle, des interlocuteurs élégants, mais sobres. *« Les jeunes femmes que je devais encadrer et que l'on m'avait présentées, portaient des vêtements simples... Et puis, je n'ai même pas su m'attirer la sympathie de la responsable communication, puisque j'ai planté mon sac sur son bureau, juste à côté de la photo de son mari ! Bref, J'ai agi*

147

tel un éléphant dans un magasin de porcelaine ! Quant à ma réponse à cette question sur ma vie privée... elle en disait long sur mon équilibre personnel. »

Tordons le cou aux dictons. Au travail, comme partout ailleurs, l'habit fait le moine ! Mieux : les codes vestimentaires des entreprises sont tenaces, malgré le très américain *« casual day »* qui, d'ailleurs, montre quelques signes d'essoufflement, y compris Outre-Atlantique, où il est né.

> Le « Dress Down Day » irait de pair avec les retards et l'absentéisme.

La tendance est au recentrage, selon la Society Human Ressources Management qui note que si en 1998, 98 % des entreprises américaines autorisaient leurs employés à s'habiller *« casual »* au moins un jour par semaine, ce chiffre est tombé à 87 % en 2001. Un début de retournement qui peut s'expliquer à la lumière d'une autre étude, conduite par Jackson Lewis et rapporté par le quotidien *Libération*. Selon ce cabinet d'avocats américain, spécialisé dans l'emploi, 70 % des entreprises américaines ont institué un *« Dress Down Day »* (jour décontracté). Et, pour un tiers d'entre elles, c'est même *« Dress Down »* tous les jours. Mais si pour 40 % des responsables RH, ce *« Dress Down Day »* a un impact positif sur le moral et la productivité, une autre part (44 %) des entreprises constatent cependant, ce même jour, une augmentation des retards et de l'absentéisme. Qui plus est, 30 % d'entre elles signalent même *« une hausse des conduites de séduction. »* Pour faire bonne mesure, certaines entreprises américaines ont fait circuler des notes internes pour préciser ce qu'elles entendaient par *« casual wear »*. Chez Morgan Stanley, par exemple, le pantalon de toile beige est accepté, mais pas le *jean*. Et les manches courtes ne sont bien vues qu'en été.

© APEC - Éditions d'Organisation (Groupe Eyrolles)

Brigitte Esnoult, du cabinet Europe Image Conseil
(www.image-conseil.fr)[1]

Faut-il adapter sa tenue
à l'entreprise et au poste sollicité ?

«Il faut savoir lire entre les lignes de l'offre d'emploi. Si l'entreprise veut
«du changement», mieux vaut donner des signes d'ouvertures : une veste
bord à bord ouverte, une chemise aux tons doux... inversement, si le poste
exige rigueur, méthodologie, choisissez un costume gris ou un tailleur
stricte. La taille et le secteur d'activité de l'entreprise ne sont pas neutres
non plus. Dans une PMI, on évitera un look trop «imposant» et on préfè-
rera afficher des signes de polyvalence, en dépareillant la veste du pantalon ou grâce à une chemise de couleur. Dans une multinationale en
revanche, la sobriété est impérative : bleu marine, bordeaux ou gris. Dans
tous les cas, par rapport à la fonction sollicitée, il faut éviter «d'en faire
trop». Si vous manquez de repères, dans le doute, optez pour un look for-
mel : chemise blanche, costume sans accessoires ostentatoires. Dernier
conseil avant de tenter l'aventure : rendez-vous à la sortie de l'entreprise
et observez, avant l'entretien, comment les gens s'habillent!»

(1) Source : in Courrier Cadres

Futiles histoires de chiffons ? Pas si sûr : les choix vestimentaires fourmillent de «sens». Et, tous les DRH, même s'ils
assurent ne juger quelqu'un que sur ses compétences, reconnaissent – «off» – que son apparence pèse un certain poids
dans la décision finale. Adopter le look de son entreprise, c'est
montrer que l'on comprend l'univers dans lequel on travaille,
que l'on s'adapte à l'image que l'entreprise s'est fabriquée et
qu'elle souhaite véhiculer *via* ses salariés. Pour Gérard M.,

149

cadre informatique senior au Crédit Mutuel, les codes vesti-mentaires de la banque sont les plus facilement reconnais-sables : chaussures noires, costumes et tailleurs rigoureux, gris, le plus souvent. *« Cela peut paraître triste, mais notre métier nous recommande d'être discret et rassurant. Nous devons véhiculer des valeurs sûres. »*, explique Gérard M. *« La nature de la relation commerciale est déterminante,* confirme Nadine Ferdinand, consultante chez Futurestep Korn-Ferry. *Il faut ressembler à ses clients. Les miens sont d'âge mûr, acteurs dans des secteurs d'activités traditionnels et plutôt portés sur un style classique. Pour eux, costume et tailleur sont des gages de pro-fessionnalisme et de rigueur. »*, précise-t-elle.

L'ÉLÉGANCE ITALIENNE D'UN CONSULTANT

Mais il ne suffit pas de savoir que le vêtement est codifié, pour être à l'abri de toutes les erreurs. Car un « look » qui, ici, vous inscrit à la hausse, peut, ailleurs, faire dégringoler votre cote ! En témoigne Jean-Luc S., lui aussi consultant dans un cabinet spécialisé en ressources humaines, reconnu pour ses compétences et... son élégance italienne. Lorsqu'il postule à la DRH Europe d'une entreprise cliente, leader mondial du mobilier de bureau, Jean-Luc S. ne prête pas particulièrement attention à sa tenue. L'entretien se déroule « bien », mais la directrice des ressources humaines du groupe ajourne sa candidature. Jean-Luc S. veut en savoir plus. Son interlocutrice répond avec franchise : *« Votre manière de vous habiller me fait douter de vous. Tel que vous m'apparaissez, vous avez encore le profil consultant à dominante commerciale. Mais saurez-vous gérer des Hommes ? Je n'ai pas perçu votre dimension humaine. »* Preuve qu'il faut sans cesse s'adapter à ses interlocuteurs, à son environnement. Qu'il faut savoir en détecter les signes de reconnaissance. Puisqu'il est « signe », le vêtement peut donc devenir signe de protestation. Fine mouche et joueuse dans l'âme, Virginie H. prend un malin plaisir à semer le doute dans l'esprit de son patron depuis que ce dernier lui a refusé une augmentation, au prétexte qu'elle venait de se marier... et donc de multiplier les revenus de son foyer ! *« J'ai cru à une blague... mais non ! Depuis, mon boss évalue, mon niveau de vie à l'aune de mes vêtements, « encore un nouveau tailleur »*, remarque-t-il. *Quelquefois, il m'interroge sur mes vacances et si je lui parle du Luberon, il me rétorque que c'est trop cher pour moi. J'en rajoute même, depuis que je l'ai vu mener ce jeu avec d'autres employés et même patrons de la région ! »* Virginie H. a bien pensé à jouer les « Cosette ». Mais son patron voue également un mépris affiché pour *« ce qui est... ordinaire »* ! Alors, résignée, elle confie : *« Autant jouer dans la cour des grands et tenter de se faire respecter. »* Cédric Monribot a défrayé la chronique estivale de l'été 2001 avec « son bermuda de la discorde ». Licencié par la Sagem de Saint-Étienne-du-Rouvray (Seine-Maritime), la Défense a plaidé la discrimination sexiste en invoquant le droit des salariées qui, elles, sont autorisées à porter le bermuda et/ou la mini-jupe. Mais les juges prud'homaux ne l'ont pas vu de cet œil. Leur décision a confirmé le droit de l'employeur d'exiger une certaine tenue quand il existe des critères objectifs, tels que l'image de l'entreprise vis-à-vis de sa clientèle. Cette mode du *« casual wear »* s'est accompagnée d'une égale décontraction, notamment, du langage. On a ainsi vu fleurir

> « Si je lui parle du Lubéron, il me rétorque que c'est trop cher pour moi. »

151

de nouveaux anglicismes et remarqué une certaine avancée du tutoiement. Devez-vous résister au mouvement ? Si votre entreprise est une adepte à tout crin du tutoiement, souscrivez à la règle. En revanche, n'attendez rien de cette apparente familiarité. Comme le fait remarquer Jean-Pierre Jardel, enseignant à l'université Nice-Sophia Antipolis[1], le tutoiement, *« est un leurre »*, car il voudrait faire croire aux salariés qu'ils sont tous égaux.

---

(1) *Jean-Pierre Jardel est enseignant à l'université Nice-Sophia Antipolis, spécialisé dans l'anthropologie des organisations et auteur de « Les rituels de l'entreprise », 2000, Éditions d'Organisation. 23,20 €.*

NI UN LOUFOQUE, NI LE « COINCÉ » DE LA BOÎTE

Séminaires, congrès, repas, pots… autant de moments propices à la convivialité, mais aussi aux dérapages. Là encore, tout est affaire de mesure: veillez à ne pas dépasser un certain degré de décontraction qui pourrait vous faire passer pour « loufoque ». Mais, ne restez pas non plus sur vos gardes, ce qui risquerait de vous étiqueter « coincé » de la boîte. Ces instants de convivialité sont les moments privilégiés de l'appréciation de *« mi-temps »*, comme la qualifie Hervé Lhomme, directeur des ressources humaines de Sodexho-Alliance: *« Durant le temps du repas, par exemple, l'évaluation se fait quand même, mais elle n'est pas formelle.*

En fonction du type d'évolution professionnelle que nous souhaitons pour un salarié, nous l'apprécions sur des critères comme, par exemple, l'aisance relationnelle, pour un futur commercial. Dans un même ordre d'idée, nous ne pouvons occulter le refus d'un cadre à entretenir des liens avec une instance syndicale, donc un partenaire social. Car le dialogue social est incontournable! »

153

Pour les chasseurs de têtes, directeurs de ressources humaines et supérieurs hiérarchiques qui font et défont les carrières, les apparences son rarement trompeuses : elles recèlent toujours une part de vérité. Vous-même, n'avez-vous jamais pensé, à propos d'un candidat, d'un collaborateur, d'un client, d'un fournisseur, voire de votre propre patron : *« Malgré ses compétences, je ne le (la) sens pas bien ! »* Souvent même, vous êtes bien conscient que votre jugement n'est fondé sur aucun critère tangible, aucun fait concret, aucune observation mesurable. Vous tranchez sur l'impression, le feeling, l'observation de détails plus ou moins conformes à vos normes.

NIVEAU HIÉRARCHIQUE ET NIVEAU SOCIAL VONT-ILS DE PAIR ?

Mais il en va tout autrement lorsque nous devenons, nous même, l'objet de ce type de jugement. Lorsque, malgré nous, nous sommes victime de cette « vérité » qui se dégage de notre style. Bref, lorsque nous payons nos erreurs de décodage des us et coutumes de l'entreprise. Mais comment réellement savoir si le sésame des évolutions de carrières est le DRH ou le supérieur hiérarchique ? Suffit-il d'être compétent pour être apprécié et respecté par ses pairs et intégrer « le club » des détenteurs du pouvoir ? Niveau hiérarchique et milieu social vont-ils de pair ? Pourquoi celui-là en impose-t-il tant avec ses discours avares de sens, alors que vous ne récoltez que des applaudissements de circonstance à la fin de votre exposé sur la percée de vos produits en Asie ?

Tour à tour, juges et jugés, nous exerçons et subissons les sentences induites par le filtre de l'évaluation informelle qui, comme son nom l'indique ne connaît pas de règles : aucune note de service, aucun directeur de ressources humaines ne

Surfeurs, on vous observe !

La Commission nationale de l'informatique et des libertés (Cnil) estimait, en 1998, que 28 000 entreprises avaient installé un système de surveillance des salariés, contre 6 500 en 1990. En général, les moyens utilisés sont légaux et justifiés. On note ainsi le retour des pointeuses dans les entreprises depuis la mise en place des 35 heures. Ou des badges, ces mouchards redoutables qui retracent votre parcours heure par heure. Plus classique, le téléphone n'en a pas moins gagné en sophistication depuis le remplacement des standards par les autocommutateurs qui gardent en mémoire les numéros d'appel reçus et émis. On signale également quelques employeurs qui en appellent aux services de détectives privés pour piéger des employés indélicats ou mener une enquête de moralité sur un candidat ou un partenaire. Pour le reste, cela tient du fait divers comme ce patron d'une PME spécialisée dans le BTP qui est resté « assis » lorsque l'amant de l'épouse d'un collaborateur lui a recommandé de visiter le domicile de ce dernier. « Vous y trouverez, lui dit-il, les mètres carrés de carrelage subtilisés dans l'entreprise » (sic !).

Mais aujourd'hui, c'est le net et, plus encore, le courrier électronique qui sont sources de conflits et dans certains cas, de licenciements. Sachez que le contrôle informatique des salariés est juridiquement encadré, notamment par la Cnil. Par ailleurs, le secret de la correspondance est protégé par la loi, tout comme la liberté d'expression. Depuis la loi Aubry du 31 décembre 1992, on considère l'employé d'une entreprise comme un citoyen avant d'être un salarié. Si les employeurs violent le secret de la correspondance privée, ils risquent (article L.226-15 du Code pénal) un an d'emprisonnement et 45 735 ¤ d'amende. Les entreprises préfèrent donc prévenir plutôt que guérir. Elles édictent donc des chartes du bon usage de l'outil de l'informatique qui ont pour souci, d'associer le respect de l'intimité du salarié avec la protection de l'entreprise. Mais les dérives ne sont pas rares. Le cas le plus fameux est celui de Nikon qui donnera son nom à un arrêt en date du 2 octobre 2001. La

155

Chambre de cassation a donné tort à l'entreprise pour avoir licencié un salarié auquel elle reprochait, entre autres, ses nombreuses activités extra-professionnelles, en se fondant sur une copie effectuée en son absence, des dossiers «personnel» et «fax» de son ordinateur. Un employeur ne peut donc «fouiller» dans les fichiers ou courriels d'un salarié à partir du moment où ils sont clairement identifiés comme «personnel». Pour autant, il ne perd pas le droit de surveiller ses collaborateurs. Mais *«Pour justifier un éventuel licenciement, l'employeur devra fonder ses preuves sur le manque de productivité et, en aucun cas, sur les activités épistolaires du salarié.»*, prévient Isabelle Schucké-Niel[1]

(1) *Avocate au barreau de Paris. Source : in Enjeux les Échos*

vous dira ce qu'il est de bon ton de dire ou ne pas dire, ou de faire, ou ne pas faire, dans une circonstance donnée. Aucune entreprise, non plus, ne prendra le risque d'éditer, en marge du règlement interne, un manuel du «politiquement correct», selon l'esprit maison. Ne serait-ce que parce que la démarche est contraire aux lois garantes des libertés individuelles, y compris sur le terrain de la vie professionnelle. L'univers de l'informel peut ressembler à un terrain miné, composé de règles tacites, de non-dits, de subjectivités, de rituels, de langage, de détails vestimentaires… Pour Jean-Pierre Jardel, enseignant à l'université Nice-Sophia Antipolis: *«Tout nouvel entrant dans l'entreprise doit décoder le bon usage en observant les autres dans leurs attitudes, leur façon de se vêtir, de s'interpeller, de laisser leur porte ouverte ou fermée… Certaines entreprises chargent un tuteur d'éclairer le nouveau venu sur les méthodes de travail, mais aussi sur tous les aspects relationnels de la vie quotidienne. Cette première phase de l'intégration est celle où le consensus s'établit... ou pas.»*

Car pour être informelles, ces règles n'en sont pas moins actives, comme levier ou comme frein à votre parcours professionnel. Si vous assimilez les codes de votre entreprise, vous démontrerez votre faculté d'adaptation et pourrez envisager une évolution sans faux-pas. La règle est simple : l'observation et rien d'autre ! Dès son arrivée chez son nouvel employeur spécialisé dans le prêt-à-porter, Pierre F. a mis en application cette règle. Chargé de l'ouverture d'unités de distribution en Europe du Sud, il était régulièrement en déplacement et fréquemment contacté sur son portable par son directeur export. Jusqu'à six fois par jour !

« Je me sentais fliqué. Mon boss me tombait dessus en pleine réunion avec, toujours, la même question : nos affaires ont-elles bien avancé ? » Au lieu de céder à la paranoïa, Pierre F. préfère décrypter le mode de fonctionnement de son nouveau hiérarchique. *« Je tenais un indice : sa prédilection à tirer sur plusieurs paragraphes ce qui peut être dit en deux phrases. Il était analytique, moi synthétique. En fait, il me talonnait sans cesse parce que je ne le rassurais pas. Depuis, j'ai pris le temps de lui rapporter dans le menu détail, mes conversations avec nos partenaires. Et nos relations s'en portent mieux. »*

« C'est mesquin, tout le monde surveille tout le monde. »

Mais observer ne suffit pas : il faut également savoir écouter pour décrypter les non-dits, les appels du pied... même lorsque ces messages ne sont pas des plus sympathiques. Depuis le rachat de son entreprise, il y a cinq ans, Serge M. directeur financier, est « miné ». Habilement convié par son

157

nouveau P-dg à lui rapporter les bruits de couloirs, Serge M. a d'abord fait la sourde oreille au rituel : *« Quoi de neuf aujourd'hui dans notre maison ? »* Jusqu'à payer ces refus au prix de petites exclusions qui finiront par le faire capituler : placé en bout de table à chaque réunion, plus personne ne lui adresse la parole. Pire, les comptes rendus financiers sont lus par l'assistant de Serge qui doit également répondre aux questions. *« Plus personne ne m'invitait à déjeuner, même mon personnel réduisait les échanges au strict minimum. »* Ou Serge pliait ou il pliait bagage. Il a décide de briser la glace. En commençant par « balancer » à son P-dg quelques « scoops » piqués à la machine à café : la naissance de la petite dernière du patron de logistique, un *« ras le bol du photocopieur qui ne marche jamais »* lâché par le DRH en personne, une comptable remarquée pour ces retards à l'arrivée et ses départs à l'heure… *« C'est mesquin, tout le monde surveille tout le monde, mais je fais de nouveau partie de la grande famille. »,* souffle-t-il, sans aucune fierté. Jusqu'à quand ? À de tels jeux qui gagne un jour perd l'autre…

© APEC - Éditions d'Organisation (Groupe Eyrolles)

STRATÈGE, UN BRIN POLITIQUE... VOILÀ DES VALEURS À LA HAUSSE

Tout autant que sur vos compétences, les entreprises misent aujourd'hui sur votre savoir-être. Mais si vous êtes de ceux, non blâmables, qui continuent de ne croire qu'à la seule valeur «boulot», suivez tout de même le conseil de Sylvie Lainé, directeur associé de Présences[1]: ne négligez jamais votre relationnel, il est aussi utile que le savoir-faire. Outre le fait de pouvoir passer pour une personne «aimable», ce qui, somme toute, n'est pas si désagréable, l'art de cultiver les liens est aussi celui de cultiver son réseau. Utile, voire indispensable, dans une carrière. Tous, un jour ou l'autre, nous avons utilisé notre carnet d'adresses pour

---

(1) Sylvie Lainé est également auteur de « Relationnel utile »,
2000, 179 pages, Éditions Demos. 15,24 €

rebondir. Mais s'il vous est assurément utile, un bon carnet d'adresses l'est aussi à votre entreprise qui y trouve autant de liens nouveaux qui vont lui permettre de dynamiser son activité ou de recruter de bons professionnels. Dès lors, votre carnet d'adresses, s'il est bon, stimule votre valeur à la hausse. Le «bon» carnet d'adresses est désormais un «plus» très recherché chez le cadre qui ambitionne de manager des équipes. Würth, le numéro 1 mondial de la fixation professionnelle, recrute chaque année, près d'un tiers de ses effectifs par cooptation. Une forme de recrutement «animée spontanément» par les vendeurs en personne. Si les entreprises sont de plus en plus nombreuses à encourager le recrutement par cooptation, certaines récompensant le «parrain» par une prime, aucune offre d'emploi ne mentionne qu'un candidat doit posséder «un solide carnet». Il n'empêche, à compétences égales, cet atout peut faire la différence entre deux candidats. Il permettra également à son possesseur d'être immédiatement évalué comme quelqu'un sachant tisser des liens professionnels et donc capable de développer une activité.

CONNAÎTRE LES LIMITES DE LA BIENSÉANCE

Olivier G. a toujours usé habilement, de l'influence qu'il peut exercer sur les autres. Cadre dans le secteur énergétique, il reconnaît passer le plus gros de son temps à nouer des relations avec ses pairs et ses collaborateurs qu'il ne dédaigne pas, à l'occasion, à gratifier de sourires encourageants ou de questions – discrètes – sur leur perception du bonheur dans l'entreprise. «*La réponse importe moins que la question*, analyse-t-il froidement, *parce qu'elle signifie mon intérêt pour mes interlocuteurs en tant qu'êtres humains.*» Mais si Olivier G. fait preuve d'empathie, il connaît aussi les limites de la bien-

© APEC - Éditions d'Organisation (Groupe Eyrolles)

séance : pas d'indiscrétions, pas d'effusions de sentiments. Le ton est amical, le geste retenu et distant pour préserver les frontières hiérarchiques. Sa stratégie envers sa direction n'est pas moins astucieuse : *« J'entretiens des contacts réguliers avec elle. Juste pour montrer que j'existe. »*

En retour, Olivier G. est assuré de bénéficier de quelques précieuses « avant-premières » sur certaines décisions importantes ou sur les opportunités de poste dans les filiales. Certain de s'être forgé de solides alliances, Olivier G. caresse l'idée de compter, rapidement, parmi les hauts potentiels. Il sait même que son nom est devenu familier des hiérarchiques les plus influents du groupe. Olivier G. serait-il un peu manipulateur ? *« Je suis stratège*, plaide-t-il. *Et un brin politique. »* Et pourquoi une telle conduite serait-elle condamnable ? *« Les entreprises sont des organisations comme les autres. Ce sont des lieux de pouvoir. »*, affirme Jean-François Jardini, de Futurestep Korn-Ferry. L'engouement des écoles de commerce et des entreprises elles-mêmes pour les cours de négociation, de communication et de décryptage des jeux de pouvoir lui donne raison. Par des méthodes d'évaluation de type « assessment center » ou des simulations au moyen de jeux de rôles, on apprend à faire face à diverses situations comportementales. Et c'est très précisément ce sur quoi on continuera de vous évaluer tout au long de votre vie professionnelle. *A fortiori* dans des fonctions d'encadrement. Alors, autant s'y frotter. D'ailleurs, ceux qui ont en fait l'expérience, sont convaincus de l'efficacité de ces entraînements. Ainsi, Patricia Mabilleau de Rank Xerox, y a puisé une aide précieuse pour pouvoir encadrer une équipe de

> **Les entreprises sont des organisations comme les autres, des lieux de pouvoir.**

161

quinze ingénieurs technico-commerciaux tous hommes et plus âgés qu'elle! *«J'ai eu la chance d'avoir beaucoup travaillé sur des tests, tel que l'Eneagramme. Un test qui permet de repérer un certain nombre de profils dans un groupe et d'organiser le travail de son équipe en conséquence. On apprend à repérer, par exemple, qui est moteur, qui est conducteur, supporteur, évaluateur, facilitateur... Ainsi, lorsque j'ai dû manager une personnalité plus difficile, j'ai facilement détecté ce besoin qu'avait ce collaborateur de se confronter. J'ai donc pris le temps de l'écouter et de lui répondre point par point.»*

APPRENDRE À BOTTER EN TOUCHE

Sans un minimum de sens politique, point de salut dans un environnement professionnel qui se complexifie: développement des organisations matricielles, mondialisation des marchés et des entreprises, travail en équipe projets sur des sites éclatés, changements d'organigrammes... Ou alors, il faut apprendre à botter en touche ou, à défaut, accepter de jeter l'éponge. Comme Daniel R, agent conseil dans un groupe d'assurances français. Tout roulait pour Daniel R., tant qu'il pouvait organiser lui-même son travail, développer son portefeuille clients à sa manière, *«pas avec des ventes à l'arrachée»*. Une réorganisation le contraint à répondre à de nouvelles exigences: profusion de tableaux de bords, rapports quotidiens de l'activité, transfert de son fichier prospects, introduction de l'outil informatique dans la relation quotidienne avec le siège, fixation des objectifs commerciaux sans discussion... *«Je ne reconnais plus personne dans l'entreprise. Tout y est devenu impersonnel!»*, s'irrite Daniel R. qui enchaîne les congés maladie en attendant de pouvoir décider du comportement à adopter. Mais, il y a fort à parier que ce comportement donnera matière à... évaluation!

LES SURPRISES DE L'ÉVALUATION INFORMELLE

À lire :
• «Révélez le manager qui est en vous!»,
par Patrice Fabart. Un livre sur la méthode
appliquée au management et qui dresse 156
profils dans le menu détail. 2002, 256 pages,
Éditions d'Organisation. 22 €
• «Vendeur, acheteur, à chacun son style!»,
par Frank M. Scheelen et Marc Lévitte. Un autre
ouvrage sur cette méthode appliqué à la vente.
2001, 338 pages, Éditions d'Organisation. 28 €

Deux clics utiles :
• La traçabilité sur Internet est infaillible.
Faites-en la preuve en jouant sur le site de la
Cnil dans la rubrique : «Découvrez comment
vous êtes pisté sur l'Internet». www.cnil.fr
• Tous les textes de droit sur les relations du
travail et Internet : www.foruminternet.org

© APEC - Éditions d'Organisation (Groupe Eyrolles)

> ELECTROLUX HOME PRODUITS BLANCS MULTIPLIE LES REGARDS CROISÉS

Pour restreindre le risque d'erreur ou d'interférence de conflits personnels, les procédures d'évaluation sont de plus en plus balisées. La tendance est moins au « huis clos » qui expose le salarié au jugement d'un seul examinateur, qu'à l'évaluation croisée qui complète l'entretien par d'autres outils plus sophistiqués. Et pour verrouiller « ce dispositif de sécurité », les DRH s'emploient à sensibiliser les cadres à l'intérêt de l'exercice pour progresser dans sa carrière ou décrocher un bonus. Mais leur message est diversement perçu. Certains reconnaissent même devoir mener campagne à l'interne pour inciter les managers et leurs collatéraux à noter sur leur agenda le rendez-vous annuel d'appréciation, ou les autres sessions d'évaluation quand leur rythme est plus fréquent. « *Pour qu'un entretien d'évaluation joue pleinement son rôle, il faut former les managers à sa philosophie*, juge Jean-Marie Mignot, responsable de développement des ressources humaines d'Electrolux Home Produits Blancs France SA. *La DRH a donc une mission de communication et de formation très forte.»* Un principe partagé par toutes les entreprises, reste à savoir comment elles le traduisent sur leur terrain et s'il débouche sur des actions. Sans cela, l'évaluation est génératrice de frustration, de démotivation, et peut pousser au départ.

Des analyses croisées, recoupées...

Chez Electrolux Home Produits Blancs, l'évaluation repose sur quatre outils différents, *«mais qui se rejoignent»*, ajoute Jean-Marie Mignot. Le premier est appelé <u>entretien de pilotage</u> : *«Une évaluation classique. Un moment privilégié entre le collaborateur et son responsable hiérarchique qui passent en revue le travail accompli durant l'année, les objectifs atteints, puis abordent les principaux points forts et ceux qui seront à améliorer. La seconde partie de cet* entretien de pilotage *est consacrée à définir les missions et objectifs que l'on va réaliser ensemble, au cours du prochain exercice. C'est également le moment de fixer des objectifs en termes de variables, à la fois quantitatives telles que le montant d'une prime ou l'analyse du turn-over (s'il est fort, c'est mauvais ! Et qualitatives, comme l'appréciation des clients, puisque nous sollicitons leur avis sur nos services. À chaque fois, nous essayons de mixer le quantitatif au qualitatif. C'est ensuite la formation qui occupe une large partie des échanges. Car c'est bien l'un des objectifs de l'évaluation – elle révèle des lacunes et des besoins- que de servir d'appui à la formation.»*

Le contenu de ces échanges est consigné dans un document type, à l'usage de l'évaluateur, de l'évalué et de la DRH qui, tous les trois, le signeront. C'est en quelque sorte, un guide de l'entretien qui permettra à l'évaluateur (supérieur hiérarchique) d'apprécier son collaborateur dans sa globalité : a-t-il atteint l'ensemble des objectifs fixés ? Peut-être les a-t-il dépassés ? Quel est son profil personnel tant en termes d'aptitudes que d'attitudes ? Ses points forts et ses points faibles ? Quels objectifs de progrès personnel lui sont demandés ? Quelles missions devra-t-il conduire lors du prochain exercice ? Souhaite-t-il une formation pour mener à bien ces missions ? Quelle orientation envisage-t-il pour sa carrière et dans quels délais ?

Une copie du document est remise au collaborateur (l'original à la DRH) qui, à son tour, formule son avis : quelle appréciation donne-t-il à son entretien ? Est-il satisfait de son niveau de responsabilité ? des missions qui lui seront confiées ? Quels sont ses souhaits d'évolution professionnelle ?... L'original est lui aussi envoyé à la DRH qui recoupe les informations. *« Le mieux est que les deux visions se rejoignent. »*, préfère Jean-Marie Mignot en précisant toutefois, que le but du jeu, n'est pas de mettre en exergue des conflits. Mais la confrontation des deux versions peut parfois, en désamorcer quelques-uns : *« Imaginons que l'évalué souhaite suivre une formation ou assurer de nouvelles missions alors que le document de son évaluateur ne le mentionne pas... C'est le signe qu'il existe un problème ! »*

La DRH centralise les entretiens de pilotage. Le responsable de développement des ressources les analyse et les synthétise, la responsable des ressources humaines examine les souhaits d'évolution salariale et le chargé de formation recense les attentes dans

166

© APEC - Éditions d'Organisation (Groupe Eyrolles)

son domaine. Le travail de ce trio, chapeauté par le directeur des ressources humaines, doit aboutir à l'élaboration de plans d'actions.

L'assessment center, une mise en situation... extrême !

Le deuxième outil est l'assessment center ou centre d'évaluation qui consiste à mesurer les compétences et caractéristiques personnelles, à l'aide de tests et d'entretiens, au cours d'exercices de simulation de situations professionnelles et sous le regard de plusieurs évaluateurs. Electrolux pratique cet assessment center avec l'aide du cabinet Optimum, « *Notamment lorsqu'un cadre est évolutif, mais qu'il suscite des interrogations sur ses capacités, ses compétences ou, encore, si nous ne sommes pas fixés sur ses qualités relationnelles. L'assessment center permet alors d'appréhender plus précisément son profil et de mieux définir son orientation professionnelle, soit parce que le cadre n'a pas d'idée précise sur la question, soit parce nous mêmes ne le savons pas. L'assessment center plonge le salarié dans des situations extrêmes et révèle ses compétences, ses qualité ou ses lacunes. Le debriefing est fait avec l'évalué, le N + 1, le cabinet Optimum et moi. C'est le moment de discuter des axes de progrès par exemple, pour réduire l'écart des compétences observées avec notre référentiel des compétences. On peut alors déboucher sur une formation terrain avec un coach, ou sur un séminaire de prise de parole en public... selon le cas. Au bout de six mois, nous refaisons le point et si l'essai est concluant, le cadre accède au poste souhaité. S'il est libre... »*

© APEC – Éditions d'Organisation (Groupe Eyrolles)

Une vison à 360°

L'évaluation du cadre est faite par son entourage professionnel : supérieurs, collègues, collaborateurs, clients, fournisseurs... et lui-même. L'évalué confronte ainsi l'image qu'il a de lui-même, au retour d'image des autres.

Mais alors que le 360° reste cantonné au top management dans la plupart des entreprises, Electrolux le pratique de façon verticale, par hiérarchiques, et horizontale, par collatéraux et les collègues. *« Nous avons choisi de l'appliquer à tous les niveaux à commencer par les membres du comité de direction, puis les N-2 et leurs collègues, le but restant le même : évaluation, définition des axes de progrès et d'amélioration, établissement d'un plan d'actions. Cette méthode « descendante » est à mon avis très efficace, parce qu'elle révèle par le jeu des croisements et recoupements, des problèmes récurrents. Exemple : la rétention d'information à plusieurs échelons hiérarchiques. »*

La filière « perfection »

Réservé aux commerciaux d'Electrolux (la division en France, en compte près de 300) cette méthode d'évaluation a été réalisée sur mesure par le cabinet Kreno. Muni d'une grille d'évaluation, le manager pointe le travail de son collaborateur sur le terrain : a-t-il préparé la visite avant d'aller chez le client ? Est-il au top sur les questions techniques ? Maîtrise-t-il parfaitement les caractéristiques du dernier-né d'Electrolux ? A-t-il bien noté la demande du client de recevoir la visite d'un technicien ? Le client a reçu un nouveau produit, est-ce que le commercial le savait ?... L'examen est

© APEC - Éditions d'Organisation (Groupe Eyrolles)

réussi si la prestation du collaborateur colle parfaitement aux attentes formulées sur la grille. Il s'agit d'un outil qui balise son travail et qui, en même temps, lui permet de progresser sur la voie de la perfection. « *Quand le junior maîtrise sa grille à 85 % ou 90 %, il passe confirmé. De nouvelles tâches lui sont alors confiées, avec davantage de responsabilités et d'autonomie. Une nouvelle grille, en rapport avec son niveau lui est alors appliquée.* »

Chapitre 7

ÂGE, SEXE, COULEUR DE PEAU : COMMENT PÈSENT-ILS DANS L'ÉVALUATION ?

En France, on ne badine pas avec la
discrimination. Quel que soit son motif.
Syndicats, associations, législateurs veillent
au grain et renforcent l'arsenal juridique contre
toutes les formes d'exclusion. Pourtant,
les préjugés ont la vie dure et jouent parfois
en notre défaveur lors d'un entretien
de recrutement, d'évaluation. Et,
plus lourdement encore, au quotidien dans
l'entreprise. Un senior vaut-il la peine que l'on
mise sur lui ? Une mère de trois enfants peut-
elle réellement s'impliquer dans son travail ?
Dans ce milieu professionnel, mes origines
risquent-elles vraiment de me pénaliser ?
Aujourd'hui encore, le risque d'être noté à
« la tête du client » n'est pas exclu !

ENTRETIEN, IN BASKET, 360°...

L'évaluation des salariés s'effectue sur la base d'un ensemble de techniques reconnues. On pourrait même y ajouter, dans le cadre d'un recrutement, les tests et la grapho dont l'objectif est de permettre au recruteur de savoir si, outre les compétences requises pour un poste, vos qualités personnelles vont vous permettre de mener à bien les missions qui vous seront confiées. Une pré-évaluation en quelque sorte. Même si elles ne sont pas très appréciées des cadres invités à s'y soumettre, l'efficacité de ces techniques d'évaluation n'est cependant pas remise en cause. Mais, il est d'autres éléments qui, bien que ne faisant pas partie de ce que l'on peut appeler le processus d'évaluation, influent sur les décisions que peuvent prendre les entreprises à l'égard de leurs salariés. Lors d'un recrutement et, plus tard, dans la gestion de carrière. Ainsi, le refus d'un recruteur d'embaucher un senior, une jeune femme qui, bien évidemment «tombera enceinte trois mois après avoir été recrutée», un homme ou une femme de couleur dont le nom n'évoque que trop ses origines, un homosexuel, un handicapé moteur, un «gros»... les qualificatifs en la matière ne manquent malheureusement pas!

© APEC - Éditions d'Organisation (Groupe Eyrolles)

Comprenons-nous bien : tous ces éléments constitutifs de l'identité d'un individu, ne deviennent discriminants que parce qu'ils conduisent à un refus, toujours subjectif, d'intégration dans le monde du travail et, en l'occurrence, dans l'entreprise. Refus qui, bien évidemment, sera motivé par des prétextes de tous ordres : « Vous comprenez, nos clients ne verraient pas d'un très bon œil que nous leur présentions un consultant d'origine maghrebine... » ; « Dans le milieu de la santé et de la beauté, on ne peut pas recruter une femme forte... » ; « Un homosexuel, vous rêvez... dans cette activité, ça ne passera pas... » Bien sûr, ce n'est pas ainsi que les refus seront exposés aux intéressés. À eux, il sera « confié » que « finalement on a trouvé un candidat », que « vous habitez trop loin, vous serez vite fatiguée » ou encore que « ce n'est pas votre âge qui est en cause, mais il nous faut vraiment un jeune diplômé que nous souhaitons former. Par ailleurs, nous ne pourrons jamais vous offrir le rémunération que vous méritez... »

Lorsque l'on s'interroge sur une possible discrimination à l'embauche, les réponses diffèrent. Même si, là encore, toutes sortes de raisons sont invoquées. Fait remarquable, tous les prétextes avancés ont en commun la non-responsabilité de celui qui les évoque. Autrement dit ce n'est jamais l'entreprise, ou l'homme qui la dirige, qui fait preuve de xénophobie, « c'est nos clients qui ne comprendraient pas... ». Rappelons, si besoin est, que toute discrimination à l'embauche pour des raisons d'âge, de sexe ou de couleur de peau est interdite et donc condamnable devant les tribunaux. S'il est difficile de hiérarchiser les critères qui peuvent être à l'origine d'une discrimination à l'embauche, il reste vrai qu'à compétences égales, l'âge, le sexe, le nom peuvent faire la différence !

AU-DELÀ DE CETTE LIMITE, VOTRE BILLET N'EST PLUS VALABLE !

L es entreprises ont ceci de commun avec les magazines féminins : elles sont très friandes de jeunesse ! Les DRH ne manquent d'ailleurs pas d'arguments pour justifier de s'engouffrer dans ce mouvement que l'on qualifie, aujourd'hui, de «jeunisme ambiant». Tout est bon : souplesse des jeunes, adaptation, réactivité, fort investissement dans le travail, productivité... Bien évidemment, les seniors se voient lestés des griefs inverses : salaire élevé, refus des nouvelles technologies, difficulté à s'adapter aux nouvelles organisations du travail par projet, décentralisée, matricielle... Des propos qu'il faut prendre pour argent comptant même s'ils sont généralement tenus par des DRH qui arborent des tempes grisonnantes et un front plissé... Bien sûr, aucun de ces

DRH ne confiera un recrutement à un cabinet en exigeant de ce dernier qu'il écarte les seniors. Mais, ainsi qu'il peut le faire pour « écarter » des candidatures féminines, rien n'empêche un recruteur de « guider » la mission de manière à ne rencontrer, en majorité, que des candidats âgés entre 25 et 35 ans, peut-être un peu plus dans certains cas.

AU-DELÀ DE 50 ANS, LE PASSEPORT POUR LA VIE ACTIVE EST MENACÉ

Au sein des entreprises, la plupart des seniors ont, à un moment ou à un autre, ressenti cette discrimination à leur égard. Elle est présente, en filigrane, dans tous les chiffres qui concernent cette classe d'âge. Entre 1970 et 1998, le taux d'activité a baissé de 5 points chez les 55/59 ans, note l'hebdomadaire *Courrier Cadres*[1] dans une enquête dédiée au « Ras le bol des quinquas ». Seuls 58 % des cadres seniors occupent un emploi. Autre indicateur révélateur : le taux de formation. L'hebdomadaire de l'Apec s'appuie sur une enquête du Centre d'études et de recherche sur la certification (Cereq) pour révéler que seul un cadre de plus de 45 ans sur quatre, a suivi une formation professionnelle. Alors que cette proportion est de plus d'un tiers (36 %) pour l'ensemble des actifs ! Bref, au-delà de 50 ans, votre passeport pour la vie active est sérieusement menacé.

En clair, une entreprise qui cesse de vous former ou de vous évaluer, cesse de miser sur vous. Ce « vide », René M. l'a connu. Il dut, d'abord, se former à l'anglais en un temps record : *« Suite à la réorganisation du groupe, le mot d'ordre était à l'adaptation... »*. René M. a suivi, mais il a vite été dépassé par ses jeunes

---

(1) Source : in Courrier Cadres

Les tempes grises reprennent des couleurs

Y a-t-il, après 50 ans, une possibilité de vie professionnelle ? «Oui.», répond sans hésiter Olivier Spire, 55 ans, P-dg du Groupe QuinCadres, qui en cinq ans s'est bâti une niche sur un marché jusqu'alors délaissé. QuinCadres réalise 350 placements et une centaine de missions par an, mais ce n'est qu'un début, le cabinet compte, d'ici deux ou trois ans, aller vers des techniciens et des Etam que l'on trouve déjà dans l'intérim. «Oui, les cadres de plus de 50 ans qui, contrairement à ce que l'on croit, font preuve de flexibilité, de mobilité et de grande fiabilité, sont de plus en plus appréciés par les entreprises.», ajoute-t-il. Alors qu'ils étaient les premiers visés par les plans sociaux des années 90, les entreprises redécouvrent leurs atouts (qualité d'expertise, compétences devenues rares dans certains métiers...) et les sociétés de travail temporaire s'intéressent de près aux seniors parce qu'ils représentent un marché en forte croissance. Olivier Spire n'en a jamais douté, l'expérience lui a donné raison. De plus, l'inversion de la pyramide des âges avantage les seniors parce la France manquera de cadres dans les dix ans à venir. L'Apec (l'Association Pour l'Emploi des Cadres) a fait les comptes : si toutes les tendances actuelles se confirment - une croissance de 2,6% du besoin d'encadrement des entreprises et le départ à la retraite programmée de la génération du papy-boom d'après-guerre - près de 450 000 postes d'encadrement ne trouveront pas preneurs au cours de la prochaine décennie.

Le pic de l'hémorragie est programmé pour 2004 : le nombre de postes vacants dépasse cette année la barre des 40 000, pour atteindre le chiffre record de 61 000 en 2008.

pairs, quasi bilingues depuis leur scolarité. «*J'ai senti le vent tourner*, dit-il lucide, *quand subitement, on a cessé de me submerger de boulot. J'en ai compris le sens à mon dernier entretien annuel d'évaluation.*» Fraîchement inscrit au bataillon des quinquas, Daniel L. envisage de quitter son employeur. Mais des cabinets conseils l'ont prévenu: *« C'est très risqué, mon salaire est élevé. Et lorsque j'ai évoqué la possibilité de réduire mes prétentions, on ne m'a pas trouvé crédible. C'est le serpent qui se mord la queue ! »* Aussi Daniel L. songe-t-il sérieusement à se mener sa reconversion professionnelle, en solo.

L'Apec note, d'ailleurs, dans son baromètre Apec/Groupe QuinCadres 2002 « L'emploi des cadres de plus de 50 ans », que: *« L'âge est un critère fortement pris en compte dans les recrutements des entreprises: il constitue le premier élément d'appréciation qui empêche de reconsidérer les profils des cadres de 50 ans et plus, même si les recruteurs reconnaissent les atouts incontestés propres aux cadres plus mûrs. En effet, même si les comportements changent, les entreprises conservent un idéal de cadre jeune synonyme de « dynamisme » et de « modernité », bien souvent en contradiction avec l'image qu'ils peuvent avoir d'un cadre de plus de 50 ans ».*

Les recruteurs ont une attitude souvent ambiguë à l'égard des quinquas.

Mais, en même temps qu'ils reconnaissent les atouts des seniors, les recruteurs font preuve d'une attitude ambiguë à leur égard, comme le note le Baromètre Apec/Groupe Quin-Cadres: souvent épinglés pour leurs prétentions salariales excessives, les cadres seniors qui postulent sur une offre d'emploi déterminée et acceptent la rémunération conforme à l'offre, mais néanmoins inférieure à celles qu'ils percevaient dans leur emploi précédent, apparaissent paradoxalement suspects aux yeux des recruteurs. Et, souligne le baromètre, en 1999, près de 7 cadres à la recherche d'un emploi sur 10, accepteraient une baisse de salaire !

177

Face à cette difficulté qu'éprouvent de nombreux quinquas à renouer avec le monde du travail, une prise de conscience politique se dessine. Le Conseil économique et social a traité la question dans un texte intitulé : «Dynamique de la population active et gestion prévisionnelle des âges à l'horizon 2010». Il recommande l'augmentation du taux d'emploi des plus de 55 ans en supprimant progressivement les préretraites ou en adaptant les postes de travail. Il revient au Conseil économique et social d'organiser de manière concrètes ces propositions. Une contribution au changement des mentalités ?

« C'EST LA FAUTE
AUX BÉBÉS...
ET AUX PÈRES. »

Les femmes font des bébés ! Cette évidence n'échappe pas aux recruteurs, mais elle les incite à réfléchir à deux fois avant d'embaucher une femme. Pourtant, on les dit pragmatiques, concrètes, plus enclines à se remettre en cause, à reconnaître leurs erreurs. *« Elles sont orga-nisées, s'intègrent aisément à une équipe, ne sont pas indivi-dualistes contrairement aux hommes qui cèdent aux rapports de force. »*, témoigne Michel Muller, dirigeant de la Fiduciaire de l'ILL, un cabinet d'expertise comptable. Lui, n'a pas hésité à associer sa collaboratrice cadre à son conseil d'administra-tion. En effet, aujourd'hui, plus personne ou presque ne doute des qualités professionnelles, ni des qualités relationnelles des femmes. Mais les chiffres sont têtus : elles sont 11,5 millions à travailler ; elles représentent 46 % du salariat en France[1] et 1/4 des cadres et des professions intellectuelles supérieures, selon l'échantillon représentatif de l'enquête Cadroscope Apec, réa-

---

(1) Chiffres CFDT. www.cfdt.fr. Dossier féminisation. Georgette Xiemens. 14 juin 2001.

179

lisé auprès de 3 000 cadres. Difficile à atteindre en politique, la parité hommes/femmes n'est pas encore une réalité non plus dans l'entreprise. Les femmes y progressent à petits pas, mais se heurtent encore trop souvent à ce fameux «plafond de verre» qui les isole des hautes sphères du pouvoir, même si certaines commencent à conquérir ces citadelles masculines. Mais, sont-elles si rares que nous ayons l'impression que ce sont toujours les mêmes qui font les unes de la presse économique: Agnès Tourraine, vice-présidente de Vivendi Universal Publishing; Anne-Charlotte Pasquier, présidente des lingeries Aubade; Isabelle Bordy, Dg du site Internet Yahoo France, Anne Lauvergeon, à la tête de la Cogema…

LE PARTAGE DES TÂCHES À LA MAISON N'EST PAS DU GOÛT DES MESSIEURS

À quoi – à qui – doit-on cette lente évolution des femmes, malgré leur niveau d'études, malgré leur arrivée massive sur le marché de l'emploi: les entreprises, le pouvoir masculin, les femmes elles-mêmes? *« C'est la faute aux bébés! »*, lâche le DRH d'un groupe agroalimentaire et qui refuse d'être cité, mais qui a au moins le mérite d'exprimer le fond de sa pensée, et par la même occasion, de dire tout haut ce que tout le monde pense tout bas. Et de s'en expliquer à cœur ouvert: *«Pour grimper dans la hiérarchie, il faut faire preuve de disponibilité totale. C'est pourquoi l'ascension hiérarchique des femmes est souvent freinée, voire bloquée par l'arrivée des enfants. D'autant que le partage des tâches à la maison n'est souvent pas du goût des messieurs… »*

Aussi, bien souvent, et à compétences égales, la candidature masculine l'emporte sur la candidature féminine. À une femme, un recruteur posera systématiquement des questions sur ses charges familiales, son intention ou non d'avoir un

© APEC - Éditions d'Organisation (Groupe Eyrolles)

© APEC - Éditions d'Organisation (Groupe Eyrolles)

Anne, journaliste pigiste pendant six ans dans une chaîne de télévision.

« Certaines femmes sont beaucoup plus dures que les hommes envers les femmes... »

« Ma maternité a tout déclanché. Ma responsable a décidé de me « ménager » en allégeant mon travail. Résultat : je perdais deux jours de boulot par semaine et l'équivalent de 396,37 € sur mon salaire. Seule explication qui m'a été donnée par... sa secrétaire : je n'étais plus disponible ! Dans les faits, je n'avais rien changé à mes habitudes. Je revenais encore le samedi pour les dernières corrections pour tenir compte de l'actualité. Dès mon accouchement, j'ai voulu savoir quand on aurait besoin de mes services. Je n'obtenais que des réponses évasives, puis plus précises : on préfère Untel, plus disponible, m'a-t-on annoncé On l'avait embauché pour me remplacer. En CDI, de surcroît ! C'est là que j'ai décidé de porter l'affaire devant l'Inspection du travail, les Prud'Hommes, jusqu'à la Cour d'appel qui m'a donné raison. Mon contrat de travail a été requalifié.

En fait, j'aurais du, dès le début, garder une certaine distance avec ma responsable. Elle voulait faire de moi son amie, me racontait ses déboires affectifs, me conseillait de chercher ailleurs un job à ma hauteur par ce qu'elle me trouvait trop bonne... Je ne demandais rien. Je pense qu'elle m'en a voulu d'être heureuse dans mon couple et dans ma maternité. Je pense très sincèrement que certaines femmes peuvent être plus mauvaises que les hommes envers les femmes. On les croit amies, car les relations sont plus proches. Mais... méfiance ! »

enfant, la manière dont elle envisage de concilier sa vie professionnelle et sa vie personnelle. La suspicion n'est pas moins forte face à une femme qui n'a pas d'enfant ou ne compte pas en avoir. D'ailleurs, pour contrer cette avalanche de préjugés sur les femmes dénuées de fibre maternelle et, par conséquent, «déséquilibrées», Véronique de F. a trouvé la parade: elle invoque une stérilité jamais prouvée, *«juste pour faire baisser la garde aux employeurs!»*

Bien sûr, officiellement, aucun recruteur ne prendrait le risque d'admettre privilégier les candidatures masculines. C'est contraire à la loi. Mais, dans les faits, rien n'interdit à ces recruteurs de préciser au cabinet à qui ils confient une mission de recrutement, qu'un homme ferait mieux l'affaire. *«Et il y a mille manières de nous le faire comprendre,* explique un consultant en recrutement. *Ainsi, celui qui recrute mettra l'accent sur le fait que le candidat doit être disponible, qu'il doit savoir s'imposer...»* Inversement, il n'est pas rare non plus que les cabinets conseils soient obligés de sensibiliser leurs clients sur les qualités des femmes au travail, pour arriver à les convaincre de recevoir en entretien de recrutement des candidats des deux sexes. Mais, les vieux réflexes ont vite fait de reprendre le dessus: le dirigeant d'une PME d'emballage exprimait à ses confrères sa difficulté de choisir entre un jeune homme et une jeune femme qui postulaient à la direction de la qualité: *« En la regardant, j'ai pensé qu'à 32 ans, elle serait, tôt ou tard, enceinte. Et alors... bonjour les congés de maternité, les horaires de la crèche, le congé du mercredi...»* Aucun employeur non plus, n'admettra que le sexe d'un salarié peut, d'une manière ou d'une autre, faire varier sa rémunération. Et pourtant, là aussi, l'écart entre les salaires[1]

> En la regardant j'ai pensé qu'à 32 ans, elle serait, tôt ou tard, enceinte.

---

(1) *Chiffres CFDT. www.cfdt.fr. Dossier féminisation. Georgette Xiemens. 14 juin 2001.*

entre femmes/hommes est frappant: -20% environ dans la plupart des pays européens, -25% en France (28% si l'on considère l'écart entre le salaire médian des hommes et celui des femmes, selon l'enquête «Rémunération» de l'Apec) et ce chiffre atteindrait les 34% en moyenne en Grande-Bretagne, selon une étude de Structure Earnings Survey. Confronté à cette triste réalité, la Grande-Bretagne a adopté en janvier 2002, un amendement législatif proposant de sanctionner les entreprises qui ne réduisent pas l'écart de salaire, entre les hommes et les femmes. Cet amendement inspirera-t-il certains dirigeants de l'Hexagone ?

LES HOMMES N'ONT PAS LE MONOPOLE DE LA MISOGYNIE

Donc toujours sexistes, les entreprises ? De toute évidence, beaucoup moins qu'avant. Et il serait faux de croire que les hommes ont le monopole de la misogynie. Certaines femmes n'hésitent pas à user du même argument de «l'indisponibilité» contre... d'autres femmes. Taxer les entreprises de sexisme primaire serait trop simple, même si nos dirigeants doivent encore avancer sur le chemin de la parité. Consultant ASG Conseil et docteur en philosophie, Bernard Girard[1] s'est penché sur la question pour répondre à des demandes de DRH ou de comités d'entreprise interpellés des salariés qui s'estimaient victimes de discrimination. Bernard Girard a privilégié l'observation de mécanismes susceptibles de produire cette discrimination hommes-femmes que personne, officiellement, n'encourage, ni ne souhaite. Les résultats sont parfois inattendus. Concernant le recrutement, par exemple, eh bien: «*À l'inverse de ce que l'on pourrait penser, beaucoup de femmes que j'ai interro-*

---

(1) À voir aussi son étude sur AsgConseil.fr

gées disent ne pas l'avoir rencontrée.» Ce qui ne signifie pas dire qu'elle n'existe pas, prévient-il. Très net, en revanche, est le «marquage sexuel» des emplois qui peut, d'ailleurs, évoluer au fil du temps. Ainsi, dans les années 70, la quasi-totalité des directeurs de ressources humaines étaient des hommes. Parfois même, d'anciens militaires. Depuis, par bonheur, la profession s'est féminisée. Au point que de plus en plus de recruteurs sont des femmes... les choses peuvent donc changer! Bernard Girard situe ce «marquage sexuel» des emplois très en amont de la vie professionnelle, *« dans la famille ou à l'école ».* Quant aux écarts de salaires, ils résulteraient, entre autres, d'une forte présence des femmes dans les emplois à temps partiel et leur spécialisation dans des métiers moins bien rémunérés.

Les écarts de progression de carrière sont, en revanche, plus frappants. Plusieurs facteurs, au-delà de la maternité, paraissent y contribuer. Il est vrai que les femmes sont *«plus sollicitées que les hommes par leur vie familiale. »,* constate Bernard Girard. Et que leur carrière en pâtit. Les formations initiales entrent également en ligne de compte. Les entreprises le savent bien, qui sélectionnent généralement leurs futurs dirigeants parmi les ingénieurs des grandes écoles. Elles y rencontrent forcément plus d'hommes. Et c'est sans compter les dirigeants qui choisissent encore *« dans leur entourage des jeunes gens qui ressemblent à ce qu'ils étaient à leurs débuts».* Enfin, les emplois féminins ont tendance, il est vrai, à se concentrer dans certains services, en général fonctionnels.

> Des jeunes gens qui ressemblent à ce qu'ils étaient à leurs débuts.

La faute aux bébés, mais aussi aux pères. En tout état de cause, et même si la chanson l'affirme, les femmes ne font pas

© APEC - Éditions d'Organisation (Groupe Eyrolles)

des bébés toutes seules. Il est vrai que certaines d'entre elles ont choisi d'élever seule un enfant. Et celles-là sont, en général, très organisées car elles ont dû, très tôt, affronter bon nombre de difficultés pour assurer à elles seules la survie d'une famille monoparentale. Est-ce à dire que les autres, celles qui, avec leur conjoint, élèvent un ou plusieurs enfants, sont moins organisées, moins efficaces ? Sûrement pas. Mais, il n'est pas évident que le nombre d'enfants allant croissant, l'aide apportée par le père aux tâches dites ménagères, suive la même courbe. Est-ce pour cette raison que, comme le notait Robert Rochefort[1], directeur du Credoc, les femmes culpabilisent à profiter pour elles-mêmes du temps libéré par la RTT. Un temps qu'en définitive, elles réservent… aux tâches ménagères.

En tout état de cause, gardons-nous bien de croire que le sexisme ordinaire a disparu. Pensons même que *« là où il n'existe pas, sinon de manière résiduelle, la discrimination sexuelle perdure et s'appuie sur une multitude de mécanismes profonds ! »*, conclut Bernard Girard. Certains dirigeants quant à eux, affirment haut et fort leur préférence pour la parité et avouent même qu'il est plus facile de travailler avec des femmes qui sont *« plus réactives, plus soucieuses du résultat »*. Pour autant, *« Méfions-nous d'un excès d'amour pour les femmes,* confiait Chantal Baudron, à l'hebdomadaire *Courrier Cadres. Il faut voir ce que cela peut cacher : certains chefs d'entreprise voient, dans la relation professionnelle avec un homme, une situation de compétition et préfèrent des femmes, estimant pouvoir jouer avec elles sur le registre de la séduction ! »*

_____

(1) Robert Rochefort à l'émission « C'est arrivé demain », Europe 1. Juin 2002

185

LA CONSONANCE DE MON PATRONYME

« **C**'est difficile d'y échapper. Mais je ne vais tout de même pas changer mon nom, explique Nourredine. Et quand bien même, je n'ai pas vraiment une tête de viking. Mes études d'ingénieur et le fait de travailler dans l'aéronautique ont, sans doute, éliminé (mais dans quelle proportion), les risques de discrimination à l'embauche que j'aurais pu et que je pourrais connaître. En effet, est-ce à mon cursus que je dois de pouvoir travailler dans cette entreprise ou à la grâce d'un patron non raciste ? », questionne Nourredine qui enchaîne : « Le problème du nom est un problème que je devrai affronter toute ma vie. Je ne me fais aucune illusion, des problèmes de discrimination, au cours de ma carrière, j'en rencontrerai sûrement. Il n'y a pas que le recrutement qui soit difficile. Il y a l'accès aux fonctions de management, par exemple. Les jeunes issus de l'immigration sont très peu nombreux dans les grandes écoles encore. »

On aimerait que cela ne soit pas vrai. Hélas, il est toujours difficile de porter un nom à consonance étrangère et de devoir le porter telle « une croix », sur le chemin d'un rendez-vous à

un entretien de recrutement, témoignent Fatou, Hocine, Youcef et Nazhim... et ce, malgré la sévérité des lois. Car en
France, heureusement, on ne badine vraiment pas avec la discrimination quelle que soit sa forme. Syndicats, associations,
législateurs veillent au grain et œuvrent à renforcer l'arsenal
juridique de lutte contre toutes les formes de ségrégation.

DIRE QUE JE SUIS AFRICAINE TIENT DU PLÉONASME

Fatou Dioume[1] est née à Niodior, une île sénégalaise. Elle
vit actuellement en France où elle prépare un doctorat de
lettres modernes. Elle est titulaire d'une carte de résidence qui
lui permet, normalement, d'accéder à l'emploi. Mais, explique-
t-elle, *« Si mes diplômes sont français, mon cerveau n'est pas
reconnu comme tel et pour cela, on lui demande de ne pas fonc-
tionner ! »* Quand, enfin, Fatou décroche un rendez-vous pour
une place d'aide-ménagère, elle sait déjà qu'elle devra affronter
un nouveau face à face, dont elle présume l'issue. Avec *« ma
gueule chocolatée »*, raconte-t-elle avec un humour teinté d'une
certaine férocité, *« je me suis contentée de donner mon prénom.
Car dire que je suis africaine tient du pléonasme. De toute
façon, mon employeur potentiel avait déjà son idée sur la question ! »* Preuve, s'il en faut, que certains préjugés ont encore la
vie dure. Même s'il souffle un vent d'ouverture sur les entreprises et que le retour de la croissance, en favorisant l'emploi,
a permis aux jeunes diplômés issus de l'immigration de se
frayer un chemin vers des postes de techniciens ou de cadres.
La nouvelle économie, notamment, les a plutôt bien accueillis

---

*(1) Fatou Dioume est auteur de « La préférence nationale », 2001,
Éditions Présence africaine. 9,15 €*

187

même si d'aucuns, comme Youcef font remarquer «*que der-rière leur bécane, on ne voit pas leur tête. Et que, donc, l'entre-prise ne risque pas d'affronter le rejet de la clientèle.*»

Les cas de discrimination raciale à l'embauche se comptent à la pelle. Leurs signalements s'accumulent sur les bureaux des permanences juridiques des principales associations anti-racistes (SOS racisme, le MRAP (Mouvement contre le Racisme et pour l'Amitié entre les Peuples), etc.). Un an tout juste après leur mise en place, en 1999, par le ministère de l'Intérieur, les commissions départementales de l'accès à la citoyenneté (Codac) enregistraient 401 signalements dans toute la France. En 1998, une enquête de CSA Opinion réalisée sur la demande de la commission consultative des droits de l'homme et du service d'informa-tion du gouvernement révélait que 19% des actifs avaient été témoins d'un acte de discrimination à l'em-bauche en raison des origines étrangères des candidats, révèle *Le Monde Diplomatique* dans un article intitulé: «Changer de pré-nom pour trouver un emploi», de Nasser Negrouche. L'auteur nous y explique le «testing», une pratique destinée à traquer la discrimination: des CV de candidats dont le nom est à conso-nance étrangère, mais qui répondent point par point aux quali-fications exigées dans l'annonce, sont envoyés à l'employeur en même temps que des CV identiques de candidats portants des noms français. Les résultats de l'opération, répétée plusieurs fois, sont certifiés par huissier.

Au niveau du management, on ne compte guère non plus d'Aziz, Horéa ou Mohamed! Mais, il est vrai qu'il est impos-sible de disposer d'une cartographie exacte de l'emploi des jeunes diplômés issus de l'immigration, de leur progression

> Les médias et la finance passent pour les secteurs les plus fermés.

© APEC - Éditions d'Organisation (Groupe Eyrolles)

dans la hiérarchie, puisque la France ne recense pas les origines de ses ressortissants, au motif de... la non-discrimination ! Pour y voir plus clair, l'hebdomadaire *L'Express* et le spécialiste du travail temporaire VerdiorBis ont commandé à l'Institut Louis Harris un sondage sur la question[1]. *L'Express* conclut à la lumière des résultats du sondage que *« les inégalités sont bien réelles, même si les jeunes ont parfois tendance à surestimer le handicap lié à leur nom ou à la couleur de leur peau »*. Un avis que partage Linda Boukellal en se fondant sur sa propre expérience : *« Je n'ai pas eu le sentiment d'avoir été évaluée d'une manière ou d'une autre, sur la consonance de mon patronyme. Quand j'ai voulu m'orienter vers la publicité, sans aucune expérience dans ce domaine et sachant, en plus, que j'avais fais une licence d'anglais, je pense que les refus que j'ai essuyés étaient fondés sur des critères objectifs. Par bonheur, ma recherche d'emploi n'a pas été très longue puisque j'ai rapidement trouvé un stage au Nouvel Observateur. Stage qui s'est conclu par un contrat à durée indéterminé au poste d'assistante de publicité. »*

Le sondage Louis Harris publié par l'hebdomadaire *L'Express* montre également que plus les jeunes issus de l'immigration sont diplômés, moins ils subissent des discrimination. Mais, il note par ailleurs que *« 61 % des black-beurs jugent que les entreprises offrant les mêmes chances sont rares (...) que le degré d'ouverture des entreprises varie énormément selon le secteur d'activité (...) en queue de peloton, les médias et la finance passent pour les secteurs les plus fermés. »*

---

(1) Sondage Louis Harris réalisé du 1ᵉʳ juin au 11 juin 2001 en face à face, auprès de jeunes Français : 291 jeunes Français dont les parents sont originaires d'Outre-Mer et d'Afrique, 307 jeunes Français dont les parents ne sont pas originaires de ces régions. Publié par L'Express, 5 juillet 2001.

UN AMI
QUI VOUS VEUT
DU BIEN

ui, dans son travail, ne s'est jamais fait piégé par ses sentiments ? Quel cadre peut prétendre assurer son rôle de manager sans jamais se laisser aller à une émotion ? Bref, qui n'a jamais mêlé travail et sentiment ? Parce qu'il s'est lié d'amitié avec son subordonné, au fil de leur collaboration, des pots d'entreprises, puis des dîners en ville. Que le hasard a voulu que les enfants soient inscrits à la même école. Plus couramment encore, les activités extra-professionnelles sont propices au développement des camaraderies, dans les clubs sportifs ou les associations culturelles... Professionnalisme, convivialité, amitié, cohabitent alors pour le meilleur ou... pour le pire !

On peut ainsi se trouver confronté à des situations fort embarrassantes, être forcé de fermer les yeux sur la qualité d'un travail ou les comportements d'un collaborateur-copain, critiqué par l'entourage professionnel. Tout manager que l'on est, on n'a pas toujours le courage d'affronter certaines vérités, de mettre les points sur les «i», de faire abstraction de ses sentiments pour respecter ces règles tacites qui «formatent» les comportements dans l'entreprise. Et si certaines «petites lâchetés» sont parfois bien arrangeantes, une générosité aveugle peut se retourner contre vous. Comme le raconte René M., cet ancien cadre supérieur dans la lunetterie haut de gamme. *«L'un de mes assistants était un garçon vraiment brillant. J'avais donc toutes les raisons de bien le noter en dépit de notre relation amicale qui,*

« Pour lui remettre les pieds sur terre, j'ai discuté avec lui : penses à ton avenir... »

d'ailleurs, était connue de l'entreprise. Jusqu'au suicide de son épouse... Ce drame l'a plongé dans la dépression : il avait perdu goût au travail, était devenu distant, introverti. Plus aucune idée ne sortait de sa tête !». René commence par alléger ses tâches, croyant ainsi trouver la juste mesure entre l'affectif et l'autorité. En vain. Il tente alors de jouer franc-jeu : *«Pour lui remettre les pieds sur terre, j'ai discuté avec lui : penses à ton avenir, tes enfants, dis-moi comment tu envisages la suite de notre collaboration... »* La perche est tendue, mais il n'y a personne à l'autre bout. Ce sont les collaborateurs qui crèveront l'abcès, sans états d'âme. Certes, ils compatissent avec leur collègue endeuillé. Mais ils refusent, désormais, de devoir prendre en charge ses dossiers. Lorsque René entend leurs critiques sur son attitude *«discriminatoire au profit d'un pistonné»*, il juge utile de porter l'affaire devant sa hiérarchie. Laquelle, bien évidemment, sait ! René fut contraint d'admettre son manque de réactivité et de reconnaître que la récente évaluation annuelle de son collaborateur/ami était... «édulcorée»! L'histoire lui reviendra, comme un boomerang, lorsque René sera invité à quitter

191

Marie-Alix Forest, dirigeante de la société de formation
(management, vente, efficacité personnelle) Participe Futur[1]

« Je ne sais pas dire non... pourquoi ? »

Au lieu de vous accabler de reproches ou de reporter la faute sur autrui, essayez plutôt de comprendre ce qui se joue en vous lorsque vous dites «oui», parce que vous n'osez pas dire «non».

Deux pistes de réflexion sont à creuser :

1. Vous dites «oui», malgré tout, parce que vous ne savez pas gérer vos objectifs et valeurs, c'est-à-dire ce qui est important pour vous. Mais en sacrifiant une valeur ou un objectif, vous tombez forcément dans les regrets.

2. Vous recherchez l'approbation des autres, vous pensez qu'il faut être aimé d'eux. Par conséquent, vous n'avez pas le courage de dire «non».

Posez-vous à chaque fois ces questions : je ne sais pas dire «non», parce que je me sous-estime ? Parce que je veux conserver la considération des autres ? Que j'ai peur des conflits ? Parce qu'un chef doit être aimé (erreur fondamentale !) ?

En réalité, dire «non», ne signifie pas que l'on s'oppose aux autres. Il s'agit de s'apposer aux autres, en les respectant et en les écoutant.

Conclusion : apprenez à gérer vos priorités, vos propres valeurs et détectez les raisons qui vous poussent à dire «oui» à vos dépends. Ensuite, communiquez en adulte, avec fermeté.

_____

(1) Participe Futur à Rueil-Malmaison. www.participefutur.com

son entreprise pour d'autres raisons: jugé trop vieux (47 ans!), trop cher et incapable de s'adapter à la nouvelle stratégie du groupe...

DÉLICAT DE CONCILIER AMITIÉ ET TRAVAIL

Il est toujours délicat de concilier amitié et travail. Il arrive même que cette amitié rende le climat insupportable au point de devoir couper les ponts avec certains collaborateurs amis. Olivier G., aujourd'hui cadre dans le secteur énergétique, a préféré fuir les sautes d'humeur de son ami employeur qui s'était brouillé avec tout le monde. Tout aussi encombrant, le copain que l'on débauche pour lui tailler un poste sur mesure dans sa propre entreprise. *« Des c..., j'en ai faites ! Mais celle-là mérite une mention particulière dans le Guiness des records »*, enrage Robert W., patron d'une enseigne indépendante de revêtements de sols et de murs. À force d'entendre son ami d'enfance lui promettre des stratégies de communication ingénieuses pour booster son chiffre d'affaires, Robert mord à l'hameçon. Oubliant non seulement que son ami n'est pas un professionnel de la communication, mais également que ce métier n'est pas de son domaine de compétences. Et qu'il n'est donc pas en mesure d'apprécier les talents professionnels de son ami. Aujourd'hui, Robert W. avoue, amer, que le seul objectif de son ami : *« était d'enfiler un costume de dircom. Rien d'autre ! »* Robert répète à l'envi qu'il céderait volontiers les services de son dircom *« gratis »*, mais qui voudrait d'un cadre désavoué par son hiérarchique, son propre ami ? À quelque chose malheur est toujours bon, Robert W. s'est juré de confier ses futurs recrutements à des professionnels des ressources humaines. L'amitié fausserait-elle les critères d'évaluation ? Elle ne le devrait pas. Mais il est difficile de se mettre en situation d'éva-

> « Des c..., j'en ai faites ! Mais celle-là mérite une mention particulière. »

luateur face un ami. À commencer par l'entretien de recrutement lorsqu'il s'agit d'apprécier professionnellement, mais
aussi sur ses qualités personnelles, une personne que l'on ne
connaît finalement que par… amitié !

Le recrutement exige « *expérience et humilité* », rappelle
Thierry Herzog, DRH de Heineken. Tous les recruteurs s'ac-
cordant à affirmer, par ailleurs, qu'il n'existe pas de mauvais
candidat dans l'absolu, seulement des candidats plus ou moins
adaptés au poste. D'où l'importance croissante accordée aux
qualités de « savoir-être », meilleur indicateur de la véritable
personnalité du candidat, « *meilleur moyen également d'éviter
les clash !* », affirme Jean-François Jardini, consultant Futurestep Korn-Ferry International. Et ce, d'autant plus que la
population cadre est généralement assez homogène par son
niveau de formation et d'acquis professionnels.

« DANS LA CULTURE MAISON, C'EST CHACUN POUR SOI ! »

Mais, il ne faut pas non plus que ces qualités de savoir-être,
au lieu d'être utilisées, dynamisées, développées, encouragées
par un management dont c'est le rôle, soient étouffées par une
ambiance de travail délétère. Une jeune consultante en ressources humaines relate avec amertume, l'histoire de ce collègue officiellement recruté pour seconder le numéro 2 de
l'agence et accompagner le développement d'activité. Dans les
faits, la mission du nouvel entrant est de servir la stratégie du
directeur général qui se sent envahi par son bras droit. Bien
vite, il s'avère que la jeune recrue n'a peut-être pas l'étoffe de
son rôle. Coincé entre les attentes d'un directeur général, qui
fonde sur lui beaucoup d'espoir, et celles d'un hiérarchique qui
le submerge de travail tout en s'appropriant ses réussites,

l'homme parvient difficilement à s'imposer. Mais, constate notre consultante : *« Personne ne tente, non plus, de lui venir en aide. Dans la « culture maison, c'est chacun pour soi ! »* On a donc laissé le jeune consultant *« pourrir sur pied »*, seul dans son bureau. Il finira par démissionner convaincu de son incompétence et, de surcroît, de son aversion profonde pour le consulting. *« J'ai tenté de rattraper le coup, de lui expliquer les règles du métier et celles de notre cabinet. Mais il a écourté notre entrevue, m'opposant que c'était trop tard ! »*, regrette la jeune consultante.

L'anecdote montre également à quel point il est difficile de briser le silence lorsqu'il est l'un des éléments du mode de management de l'entreprise. Qui n'a jamais observé des scénarios semblables dans son entreprise : des hiérarchiques s'attribuant les bons résultats de leurs collaborateurs avec le consentement muet de ces derniers freinés par la crainte de devoir s'opposer à un acteur important de leur progression professionnelle. Les *« polissons, les paillassons, les hérissons »*, existent dans toutes les entreprises, analyse Nathalie Loux, consultante international chez Francklin-Covey. Le « polisson » dit toujours « oui », pense « non » et trouve quelqu'un pour faire son job. Quitte à ce que ce quelqu'un travaille le soir ou le week-end. Ce quelqu'un, bien évidemment, c'est le « paillasson » ! Il dit toujours « oui », à son détriment comme à celui de sa vie privé. À l'opposé de ces deux premiers, le « hérisson » oppose systématiquement un « non »… au détriment de l'entreprise. *« Le plus difficile à détecter est le « polisson »*, assure Nathalie Loux. *C'est aussi le plus dur à supporter. Sa trahison est grande puisqu'on croyait qu'il faisait, alors qu'il ne faisait pas ! »*

195

DIRE NON... CELA TIENT SOUVENT DU FANTASME

L'idéal, c'est quand même *« d'avoir le courage de dire non,* estime Nathalie Loux. *Qu'il s'agisse de la détermination des objectifs ou de la définition de carrière. »* Dire « non » ? La décision tient du domaine du fantasme. Et, qui que l'on soit, le moment venu on se dégonfle, tel un ballon de baudruche, victime du pire des blocages : l'autocensure ! Une autocensure qui se ressent d'ailleurs à la lecture des entretiens annuel d'évaluation. Les DRH n'en sont pas dupes. *« Lorsque l'on se retrouve dans le face à face de l'entretien, il s'opère une sorte d'écrémage : une tendance à gommer les aspects très très positifs pour ne pas devoir souligner les aspects très très négatifs,* constate Hervé Lhomme, DRH de Sodexho-Alliance. *Certains ont le courage de parler, d'autres pas. Et puis, tout dire n'est pas un acte facile. Par ailleurs, il suffit de voir l'épaisseur des documents d'évaluation pour en déduire qu'ils ne reprennent pas l'intégralité des propos échangés en une heure. »*

Reste que toutes les vérités ne sont pas bonnes à dire. David qui semble s'en rendre compte *a posteriori*, se demande s'il ne s'est pas grillé définitivement auprès des entreprises à cause de son franc-parler : après cinq ruptures de contrats consécutives, alors qu'il était sorti brillamment d'une grande école de commerce, il reconnaît avoir commis des *« erreurs stratégiques »* en faisant comprendre à ses employeurs, qu'il ne les appréciait pas ! Rien que cela…

Heureusement, contre la langue de bois, la peur de dévoiler ses pensées, les conflits d'intérêts, les affinités ou les connivences qui menacent la fiabilité de l'évaluation, DRH et recruteurs multiplient les garde-fous. Toutes les grandes entreprises ont, ces dernières années, entrepris de professionnaliser leurs managers aux ressources humaines. À grand renfort de plans de formation axés sur la communication, la gestion de conflits, l'encadrement d'équipes et faisant la part belle aux techniques de l'entretien d'embauche et de l'entretien annuel d'évaluation.

> « Celui qui porte une étiquette sur son dos est toujours le dernier à le savoir. »

A contrario, des efforts restent à faire pour combattre les étiquettes, les préjugés, les évaluations… à la tête du client… *« Le plus dur pour celui qui porte une étiquette sur son dos, c'est d'être toujours le dernier à le savoir. Et si cela devait vous arriver, vous ne l'apprendriez qu'à l'occasion d'une situation catastrophique pour vous. »* énonce Julie E., gestionnaire du réseau de transport filiale EDF. Son dossier mentionnait *« des points négatifs »* dont elle n'a eu écho par un témoignage de « seconde main » dans une situation tendue.

Discrimination raciale, sexiste, par l'âge, l'apparence, le handicap (rappelons que la loi de juillet 1987 oblige les entreprises de vingt salariés au minimum à employer des personnes handicapées ou à s'acquitter d'une cotisation auprès de l'Agefiph, l'association d'aide à l'insertion des handicapés)… il ne saurait, à ce propos, être question d'évaluation. Ou alors, comme le dénoncent certains, « à la tête du client ».

Aujourd'hui, les instances concernées sont très mobilisées. Les syndicats et, au sein des entreprises, les délégués du personnel, emboîtent le pas. Un pas important a été franchi le 11 octobre 2001 avec l'adoption par l'Assemblée nationale de la loi relative à la lutte contre les discriminations. Cette loi aménage la charge de la preuve qui incombait jusqu'alors au salarié s'estimant victime de discrimination. Il lui suffit désor-

Entretien d'évaluation, les salariés plutôt positifs

64% des salariés ont été évalués au moins une fois en 2002, nous apprend une enquête en ligne du journal du Net emploi center[1]. Si plus de la moitié d'entre eux (39%) disent s'être présentés à l'entretien d'évaluation sans préparation particulière, ils sont 35% à avoir reçu une feuille d'évaluation, 29% invités à s'auto-évaluer et 24% à formuler leurs remarques par écrit.

La moitié des entretiens d'évaluation débute par un bilan de performance effectué selon le cas par le salarié lui-même (22%) ou son responsable hiérarchique (26%). Mais dans 38% des cas, rien n'est formalisé et c'est le manager qui prend l'initiative de commencer ce face à face. La grande majorité (7 sur 10) des managers dispose d'un support sous forme de guide d'entretien fourni par la DRH. Plus d'un tiers des évaluations dure plus d'une heure et un autre tiers de 30 à 60 minutes. Seuls 11% des salariés interrogés affirment n'être restés que de 10 à 15 minutes en face à face avec leur manager.

Comment les salariés perçoivent leur manager dans cet exercice? Un salarié sur deux juge positivement son manager dans ce rôle d'évaluateur. Mais, souligne l'enquête, il existe un lien étroit entre la durée de l'entretien et le degré de satisfaction de l'évalué. Ainsi, parmi les salariés qui sont restés plus d'une heure en face à face avec leur manager, 58% jugent positivement ce dernier.

Plus de six salariés sur dix jugent leur évaluation «juste». Pourtant, 60% de ceux-là sont des salariés qui ont été déçus par leur manager. «Ce chiffre montre l'importance du dialogue et de la forme de l'entretien au delà de la simple évaluation stricto sensu sous forme de note ou d'appréciation plus générique.»

Enfin, 81% des salariés sont conscients que l'évaluation a des conséquences directes. Sur l'évolution du salarié dans l'entreprise (59%), sur son salaire (57%), l'obtention d'une prime (35%), son plan de formation (23%). A savoir: 15% des interrogés évoquent des sanctions possibles.

---

(1) Enquête effectuée en mai 2002 auprès de 497 internautes.

mais de constituer un dossier rassemblant les indices pour permettre au juge d'établir sa conviction. Cette loi concerne toutes les formes de discrimination (raciale, mais aussi fondée sur le sexe, l'apparence physique, l'orientation sexuelle) aussi bien à l'embauche qu'en termes d'évolution professionnelle. Les représentants syndicaux pourront exercer en justice au nom d'un salarié et les inspecteurs du travail, dresser des procès verbaux. Sachez enfin que le Groupe d'étude et de lutte contre la discrimination, créé en 1999, dont les observations reposent sur un numéro de téléphone, le 114. Gratuit ce numéro est mis à la disposition des personnes victimes de discrimination raciale (www.le114.com).

Sur la discrimination raciale :
http://vosdroits.service-public.fr
www.sos-racisme.org

À lire :
• **«Vive mes années senior!»**, Collection «Ma vie dans l'entreprise», 2002, Apec/Éditions d'Organisation. 12 €

> LES MANAGERS BRÛLENT LES PLANCHES

Sur scène, Isabelle raconte son angoisse : « *...depuis trois mois, j'ai du mal à dormir, je fais de l'acné et avec mon mari... pour le... pour la... rien.* » À l'origine de ce calvaire : l'entretien annuel d'évaluation qu'elle va devoir passer dans quelques instants. D'ailleurs, nous y voilà. Isabelle frappe à la porte de son manager et lui rappelle les raisons de cette rencontre. « *Ah oui, vous avez raison, c'est écrit noir sur blanc dans mon agenda*, rétorque-t-il en jetant un œil sur son carnet. *J'avais complètement oublié. C'est vraiment pénible ces entretiens annuels ; je veux dire, je n'en vois vraiment pas l'intérêt... on se parle toute l'année, tous les jours... Mais bon, on va le faire puisqu'il faut le faire...* »

Et voilà ! La première gaffe du manager ne s'est pas fait attendre. Pas plus que la première explosion de rire du public, composé exclusivement de cadres et de salariés. Ce passage produit toujours le même effet : on se voit sur scène et on rit, « *Parce que l'on se reconnaît à travers ce miroir. D'où l'intérêt du théâtre par rapport à une démarche didactique.* », explique Florence Rouet, responsable de développement et formation de Théâtre à la carte.

© APEC - Éditions d'Organisation (Groupe Eyrolles)

« Isabelle, vous avez un problème d'écoute... »

D'entrée de jeu les scénaristes abordent le sujet de l'évaluation en forçant le trait : erreurs, couacs, maladresses qui sabordent ce rendez-vous annuel déterminant (du moins pour ceux qui le jugent comme tel pour leur évolution professionnelle) sont épinglés. Au registre des erreurs à éviter, Florence Rouet cite la non-préparation à l'entretien, la non-écoute, la non-prise en compte du collaborateur, les jugements hâtifs et les jugements de valeurs. Ainsi, alors qu'Isabelle affiche une patience héroïque face à Henri (son manager) qui retarde deux fois leur entretien, la reçoit enfin, mais répond à tous les appels sur son poste et son portable, ce dernier n'hésite pas à pointer sévèrement ses lacunes. Il ajoute même : *« Ah ! oui, je trouve aussi Isabelle, que vous n'êtes pas à l'écoute de ce qui se passe, de votre environnement. C'est important d'être à l'écoute. Regardez, un exemple. Depuis un mois, je ne prends pas de sucre avec mon café ; je suis au régime ; eh bien !, depuis un mois, vous persistez à m'apporter du sucre avec mon café. Si vous étiez un tant soit peu à l'écoute Isabelle, vous vous seriez aperçue que le sucre, depuis un mois restait sur la soucoupe... »* Fallait-il mélanger des éléments d'ordre personnel avec les objectifs ? La salle répondra par la négative lors du debriefing au moment de jeter un regard critique sur l'attitude d'Henri, du début à la fin de l'entretien. Car la saynète enchaîne les rebondissements, d'autres situations libèrent le rire tout en permettant de prendre du recul. Un succès garanti à double titre : le message « professionnel » trouve un écho sympathique et les managers se montrent attentifs, savourant la parodie de certains de leurs travers.

Libérer le rire

« *Le rire permet de ne pas se sentir coupable, de démystifier, de se rendre compte que nous sommes tous des humains, que nous faisons des gaffes mais, qu'en même temps, nous sommes capables d'évoluer à travers ce que l'on nous dit ou à travers les remarques des autres.* », résume Christian Poissonneau, le créateur et directeur général de Théâtre à la carte. En résumé : « *Nous ne sommes pas des super-hommes !* » Un discours très bien perçu par les dirigeants et DRH des entreprises qui font appel aux services de Théâtre à la carte à l'occasion de leurs séminaires et conventions annuels, pour les aider à resserrer les liens humains ou plus simplement -et le cas est fréquent- pour le donner un coup de main à la mise en place du fameux entretien annuel d'évaluation. La demande sur ce « produit » est à ce point importante que Théâtre à la carte (qui écrit généralement des scénarios « sur mesure en fonction des besoins de l'entreprise »), a rédigé cette saynète type jouée par Isabelle et Henri. « *C'est qu'il existe une volonté réelle de la part des entreprises qui font appel à nous de permettre aux salariés de s'exprimer sur leur ressenti, dire ce qui va et ce qui ne va pas*, explique Christian Poissonneau. *Les DRH considèrent que l'entretien annuel est important. Pour les managers... c'est une autre paire de manche. La scène caractéristique est celle où Henri reçoit Isabelle lorsqu'elle lui annonce leur rendez-vous. À son soupir, la salle explose de rire. Il est vrai que beaucoup de managers ne perçoivent pas l'intérêt d'un tel entretien avec un collaborateur qu'ils côtoient à longueur d'année.* »

L'enjeu consiste alors à motiver les managers en les mettant à contribution dans l'élaboration de l'outil de l'entretien et la manière de le conduire pour qu'ils se l'approprient. Récemment encore, Théâtre à la carte a été sollicité par un grand groupe industriel qui emploie plusieurs centaines de salariés, mais ne compte toujours pas l'entretien dans sa batterie d'outils de gestion des ressources humaines... Un comité pilote du groupe (dont le DRH) a étudié la saynète, puis l'a enrichie et adaptée en fonction de ses besoins particuliers. *«Nous avons joué une séquence, en pointant les aspects le plus exécrables de l'évaluation,* confie Christian Poissonneau. *Ainsi, chacun a pu identifier les défaillances. Puis les comédiens présents ont improvisé sur ce qu'ils venaient de vivre et d'entendre, mettant en scène des profils types, tels que la «grande gueule», «le charmeur». On a bouclé la journée en établissant un entretien d'évaluation, tel que les managers de cette entreprise se l'imaginaient... Ils l'ont créé eux-mêmes.»* La prochaine étape consistera à les former à la conduite d'un entretien annuel d'évaluation.

Créé en France en 1992 (après Montréal en 1984), Théâtre à la carte travaille avec 80 comédiens intermittents du spectacle et avec le soutien de consultants. La société est également présente dans plusieurs villes d'Europe et vient de s'installer à Londres et New York.

Théâtre à la carte. Tél. 01 49 85 10 10.
Site : www.theatrealacarte.fr

Chapitre **8**

ET VOUS, COMMENT VOUS ÉVALUEZ-VOUS ?

De plus en plus d'entreprises mettent à
disposition de leurs salariés et cadres,
des systèmes d'auto-évaluation. Pourtant,
il semble que la notion d'auto-évaluation ne
fasse pas l'unanimité. Certains la qualifiant
même de « leurre ». Pour ceux-là, il est de la
responsabilité du manager d'évaluer ses
troupes. Reste que pouvoir s'auto-évaluer est,
pour tous, un bon moyen de dresser l'inventaire
de ses réalisations, de ses aptitudes,
de ses motivations... bref, de ses compétences.
Une mise au point utile pour pouvoir se projeter
sur « le marché » des compétences internes
ou externes à l'entreprise et faire évoluer
sa carrière.

UNE REMISE EN CAUSE EN SOLO

Suis-je performant ? Aussi bon, si ce n'est meilleur que mes pairs dans l'entreprise et à l'extérieur ? Existe-t-il un écart entre mon niveau de maîtrise actuel et celui requis pour le poste que je veux atteindre ? Vers quel métier orienter ma carrière ?... Qui ne s'est jamais posé ces questions, rongé par le trac et l'angoisse à l'idée de «ne pas faire l'affaire» ? Une angoisse légitime car, en général, la réponse à ces questions est perçue comme un verdict, une sanction. *A fortiori* lorsqu'elle sort de la bouche d'un évaluateur. Normal: l'évaluation met en relation deux interlocuteurs, deux partenaires qui ne sont pas placés sur un pied d'égalité. Le supérieur hiérarchique, le DRH, le consultant du cabinet spécialisé en ressources humaines possèdent les codes de décryptage et l'autorité de pouvoir dire «oui» ou «non». Et l'on connaît le pouvoir de l'autre interlocuteur, l'évalué... Pas étonnant, dès lors, que nous ayons le sentiment de «subir» le processus d'évaluation, quoi qu'en disent et pensent les évaluateurs. Et le fait que ce processus d'évaluation existe dans bon nombre de structures, ne serait-ce qu'au travers l'entretien annuel d'appréciation, désormais institutionnalisé à tous les échelons, n'y change

© APEC - Éditions d'Organisation (Groupe Eyrolles)

rien. Peut-être est-ce pour gommer cette impression de «subir l'entretien» que certaines entreprises proposent à leur salariés de répondre eux-mêmes à certaines interrogations concernant leur carrière, en les invitant à s'auto-évaluer? Plus sûrement, elles les incitent à développer leur «autonomie» et leur «responsabilisation» dans la gestion de leur carrière.

Depuis fin 1997, Renault a entrepris un énorme chantier de «professionnalisation des acteurs de la fonction ressources humaines». Plus de 2 000 personnes sont concernées dans l'ensemble du groupe, en France et à l'étranger. Le constructeur automobile a connu, ces dernières années, des transformations marquantes dans son environnement interne et externe (alliances tour à tour avec Nissan, Dacia, Samsung; internationalisation du groupe, mise en place des 35 heures…), qui l'ont conduit à repenser le rôle et les compétences de la fonction RH. La direction des ressources humaines a amorcé ce chantier en passant au crible, pour les répertorier, tous les métiers de la fonction (de ceux de la direction des ressources humaines à ceux du recrutement). Dans le but de responsabiliser les salariés concernés, le principe de l'auto-évaluation a été privilégié. Un outil baptisé «self assessment» a été mis à disposition sur l'Intranet de l'entreprise. Lorsqu'il s'y connecte, chaque collaborateur de la fonction ressources humaines choisit un métier, parmi ceux répertoriés, et répond à un questionnaire au terme duquel il évalue l'écart entre le niveau de maîtrise qu'il pense détenir et celui à atteindre. Un certain nombre de formations lui sont, ensuite, proposées pour réduire l'écart, ainsi qu'une évaluation post-formation pour mesurer le degré de transfert des connaissances. Grâce à la des-

> Je m'auto-évalue sur l'intranet de mon entreprise.

truction du « self assessment », dès que l'évalué quitte le site, l'outil garantit la confidentialité des résultats.

ÊTRE CAPABLE DE PRENDRE DU RECUL

D'une manière générale, l'auto-évaluation peut déboucher sur d'autres objectifs que la mesure des écarts de connaissance en vue de les combler. *« La méthode permet à chacun de dresser le bilan de ses points faibles et points forts. »*, prêchent les plus convaincus des DRH. Il s'agit d'une remise en cause en « solo », d'un examen des habitudes de travail. C'est pourquoi, l'auto-évaluation suscite l'intérêt de nombreux responsables de ressources humaines. Y compris pour remotiver les troupes. *« Lorsque l'immobilisme menace, l'auto-évaluation permet de responsabiliser les salariés »* pour des raisons évidentes : elle place les collaborateurs dans un processus dynamique, elle leur permet de se sentir acteurs de leur propre évolution. Elle permet également de consolider des points d'ancrage personnels, quand les incertitudes pèsent sur l'avenir, suite, par exemple, à un rachat ou à une fusion. Un contexte dans lequel Bull, en 1998, a installé son outil d'aide à l'auto-évaluation des compétences, baptisé Agil. Mais l'un des atouts, et pas des moindres, de l'auto-évaluation, c'est de permettre aux cadres d'effectuer par eux-mêmes un petit bilan professionnel dans la perspective de leur entretien annuel. Utile pour mieux argumenter. D'ailleurs, la plupart des utilisateurs se servent de ces méthodes d'auto-évaluation pour préparer ce rendez-vous. Et la majorité des entreprises jouent franc jeu en remettant à leurs collaborateurs un document type afin de les aider à penser et à formaliser leur point de vue.

Avec Déclic, évaluez vous-même vos compétences !

Parmi les méthodes d'auto-évaluation les plus plébiscitées, La Méthode Déclic Apec[1] vous guide en quatre temps (Bilan, Projet, Marché, Actions) et vous prouve ainsi que la gestion de votre carrière est aussi – et avant tout – de votre ressort. Élaborée par l'Apec (Association Pour l'Emploi des Cadres) sous forme de cahiers et de fiches pratiques, la Méthode Déclic permet une réflexion sur l'orientation professionnelle, la recherche d'emploi ou le pilotage de carrière. *«Notre expérience de conseil de carrière nous a appris que les questions qui se posent, dans toute évolution professionnelle, aboutissent toujours à l'un de ces quatre points que sont Bilan, Projet, Marché, Actions.»*, note le groupe de consultants et de chargés d'étude de l'Apec, qui a planché sur la méthode.

• Comment faire le point, définir mes compétences, savoir-faire et traits de personnalité ? C'est le pôle **« Bilan »**.

• Quelle orientation, prendre ? Quelle fonction, viser ? Quels enjeux, définir ? C'est le pôle **« Projet »**.

• Comment définir et connaître les entreprises qui pourraient m'intéresser ? Quelles sont leurs exigences ? Quelle est ma concurrence ? C'est le pôle **« Marché »**.

• Que faire, comment faire, quelles actions entreprendre pour réussir mon évolution ? C'est le pôle **« Actions »**.
Exemple : vous voulez faire le point sur vos atouts, afin de mettre en valeur vos points forts et renforcer vos points faibles. Vous travaillerez sur le cahier **Bilan.**

Avantage de la méthode : il est possible d'y entrer par le thème qui vous intéresse en priorité. Sachant que les quatre thèmes sont en interaction et que Déclic permet de cheminer de l'un à l'autre, pour assurer la cohérence de la démarche, entre : votre bilan, votre projet, votre marché et vos actions.

---

(1) Méthode Déclic. Pour conduire un projet professionnel. Bilan, Projet, Marché, Actions. Éditions d'Organisation.

De là, à gratifier la méthode des mille vertus, il n'y a qu'un pas... à ne pas franchir. Certains s'en gardent bien d'ailleurs. Notamment du côté des sociologues et psychologues du monde du travail. *« Juger des compétences d'un salarié, n'est-il pas du ressort de la hiérarchie ? »*, interroge Jean-Pierre Le Goff[1], sociologue au Laboratoire Georges-Friedmann (Paris I-CNRS). Selon lui, l'auto-évaluation est « un leurre ». Car *« On ne peut s'évaluer soi-même. L'évaluation est du ressort du manager, dont la première mission consiste à bien savoir mesurer les compétences de ses collaborateurs. »* Pour Le Goff, le face à face avec ses propres compétences, paraît relever d'un exercice périlleux. Quant à la validité de l'appréciation : « Cette démarche fait, implicitement, porter au salarié, une très grande part de responsabilité, quant à son employabilité ». Et puis, ne s'auto-évalue pas qui veut. Il faut se montrer capable de prendre du recul sur soi-même, sur ses missions, ses objectifs, ses atouts, ses points faibles. En outre, il faut disposer d'une certaine autonomie. *« Or, tous les salariés ne possèdent pas ces qualités au même degré. »*, estime Le Goff qui considère, en revanche, que l'évaluation par les responsables hiérarchiques constitue un « repère indispensable pour le salarié ».

---

(1) Voir « À lire » (en fin de chapitre)

COMMENT IMAGINER S'ÉVALUER SOI-MÊME ?

L'auto-évaluation ne constitue pas une fin en soi, reconnaissent pourtant les professionnels des ressources humaines qui admettent, eux aussi, qu'elle ne peut se substituer à une évaluation par un tiers, collaborateur ou hiérarchique, qui s'inscrit dans une véritable politique de gestion des compétences. *« La reconnaissance des qualités professionnelles suppose, nécessairement, le regard et le jugement d'autrui. »*, affirme Guy Le Boterf[1], consultant manager et auteur de « L'Ingénierie des compétences ». *« D'où l'intérêt des dispositifs qui combinent l'auto-évaluation et la validation collégiale par le regard croisé de plusieurs acteurs : encadrement direct, fournisseurs, clients, collègues, experts, spécialistes en ressources humaines. »* L'auto-évaluation est une méthode marquée, d'emblée, « par le sceau de la subjectivité », énonce de son côté, Christian Balicco, docteur en psychologie et consultant

(1) Voir « À lire » (en fin de chapitre)

211

ressources humaines. « *S'auto-évaluer, c'est tenter d'estimer la valeur de certains de ses comportements. C'est estimer, concrètement, l'image que l'on a de soi. Or, rien n'est plus difficile que de se juger soi-même. En effet, bien souvent l'image que nous avons de nous est parasitée par celle que les autres renvoient.* »

Si, à quelques exceptions près, notamment pour des fonctions très récentes, les termes « métier », « fonction », évoquent des contenus clairs (tâches, missions, objectifs, rôle…), il n'en va pas de même pour la notion de compétence individuelle, très sujette à la subjectivité. Or, c'est précisément sur cette notion de « compétence individuelle » – et non sur celle de « qualification » – que se fonde, désormais, l'évaluation. Curieusement, même dans le doute, la question de l'évolution professionnelle se pose rarement en ces termes. « *Un cadre qui souhaite effectuer un bilan de compétences* », dira plutôt : « J'ai envie de faire le point, de savoir où j'en suis… », note Caroline Durand, responsable de l'offre mobilité à l'Apec. Et pourtant, que d'outils au service de la mesure, de l'évaluation des compétences qui, on le sait, recouvrent des réalités multiples qui débordent le champ du seul savoir-faire, tout empreint de technicité. Par ailleurs, ajoute Caroline Durand : « *Lorsque l'on travaille, on ne passe pas son temps à s'observer, à analyser ce que l'on est en train de faire.* » Comment, sachant cela, peut-on imaginer pouvoir évaluer soi-même, en deux temps trois mouvements, ses propres compétences ? Sauf à entamer ce véritable travail d'introspection, comme on le pratique dans le cadre d'un bilan de compétences, en analysant tâche par tâche, le contenu de ses

> « L'image que nous avons de nous est parasitée par celle que les autres nous renvoient. »

© APEC - Éditions d'Organisation (Groupe Eyrolles)

activités. Seul, un «décorticage», conduit avec la rigueur et le temps nécessaire, peut révéler la palette des compétences que nous mettons en œuvre dans le cadre de notre activité. Y compris celles, plus souterraines, que nous sollicitons constamment, sans nous en apercevoir.

LE DÉCLIC DU BILAN DE COMPÉTENCES

En fait, l'une des limites de l'auto-évaluation, c'est bien cette notion d'«auto», de «par soi-même». *« L'évaluation, c'est toujours par rapport à quelque chose. »*, souligne Caroline Durand. Et ce «par rapport» n'existe pas dans l'auto-évaluation. *«Au cours des bilans que nous proposons, le cadre analyse ses réalisations sur le mode: «J'ai fait, j'ai réussi...»* À partir de là, il apprend à mettre en valeur ses compétences, ses savoir-faire. Il ne s'agit donc pas d'évaluer, mais d'affirmer: «Je sais faire et je le montre.» Nous sommes dans le domaine du démonstratif, du déclaratif. Quand, ensuite, ce cadre sera amené, devant un recruteur par exemple, à parler de ses savoir-faire, il dira: «Je sais faire cela, preuve à l'appui» et c'est au recruteur qu'il appartiendra, alors, d'évaluer ce savoir-faire par rapport au contenu du poste proposé, de ses missions, de ses objectifs. »*

Secrétaire de direction, dans une agence de transfert de technologies, Anita S. aspirait secrètement à rejoindre un gros laboratoire de recherche sur les nouvelles technologies de la communication. Sans savoir comment positionner sa candidature, ni comment l'argumenter, faute de recul sur ses acquis. Le déclic s'est opéré, après avoir décidé de réaliser un bilan de compétences: tout en dressant l'inventaire de ses connaissances, Anita S. prend conscience des atouts dont elle va pouvoir «jouer» pour affûter son projet. *« Grâce à la*

213

L'entretien d'évaluation n'est pas le moment privilégié pour exprimer des souhaits de mobilité interne

67 % des projets de mobilité interne impulsés par l'entreprise l'ont été par l'intermédiaire de la hiérarchie directe contre 11 % par la DRH. Lorsque l'initiative de mobilité émane du salarié, il s'informe en priorité auprès de son supérieur dans 52 % des cas et auprès de ses collègues dans 46 % des cas. Les publications de postes vacants émanant du service RH ne sont consultées que par 37 % des candidats à la mobilité. La gestion des compétences au quotidien semble bien appartenir au responsable direct et échapper peu à peu à la DRH. Cette dernière ne validant des choix plus que les initiant. D'ailleurs, 93 % des cadres ayant émis le souhait d'évoluer dans l'entreprise, en ont fait part, de façon informelle, à leur supérieur direct contre 38 % qui disent avoir abordé le sujet lors de l'entretien annuel d'évaluation.

veille informative que je réalisais quotidiennement pour mon supérieur hiérarchique, j'avais une bonne connaissance des nouveautés et des projets en gestation, dans les plus grands laboratoires mondiaux. Par ailleurs, comme j'étais également chargée d'organiser ses déplacements et réunions aux quatre coins de la planète, je m'étais construit un carnet d'adresses qui, aujourd'hui, se révèle très précieux. » La phase de conclusion du bilan lui a permis de concrétiser son projet et préciser quelques pistes pour se jeter à l'eau. Alors, où commencent et où s'arrêtent les compétences d'Anita S… ?

D'autres peuvent découvrir, à l'occasion d'un bilan, que leurs aspirations, leur projet réel, ne s'accordent plus aux missions qui sont celles de leur poste. Patricia Mabilleau s'est ainsi laissée surprendre. Cette ancienne chef de projet, du service externalisation chez Rank Xerox, a vécu une période de doute, suite à sa promotion à un poste identique, mais au niveau international. Ses compétences n'étaient pas en cause. Mais quelque chose de plus profond avait changé : « *Le métier n'était plus la vente de solutions, mais la vente de produits. Et là, il y avait un décalage entre mes valeurs et les objectifs nouveaux.* » Entrée dans la vie active avec un DUT informatique, Patricia Mabilleau s'est forgée un beau parcours professionnel. Petit à petit, elle a évolué vers des postes d'analyste-programmeur, puis vers la conduite de projets et, enfin, vers des postes commerciaux qui lui donneront l'occasion de travailler sur des cahiers des charges en partenariat avec les clients. Patricia réalisait de beaux chiffres d'affaires... mais, même quand elle évoque ses succès commerciaux, elle parle plus volontiers de « vente de solutions », de cette mission auprès des clients, afin de les aider à améliorer l'organisation de leur production. « *Je crois à la relation commerciale gagnant-gagnant : la satisfaction du client en même temps que le bénéfice pour l'entreprise.* », avoue-t-elle. État d'esprit, compétence particulière, tempérament ?

« Je n'aime ni les conflits, ni être obligée de m'imposer... J'ai passé l'âge ! »

À force de questionnements sur sa place dans une grande structure qui exige « *de correspondre à des cases* », le bilan de compétences s'imposera à elle. Et lui confirmera ses pressentiments : « *Je suis d'abord motivée par des valeurs : j'aime travailler dans un environnement sain. Je n'aime ni les conflits, ni être constamment obligée de m'imposer... j'ai passé l'âge !* », soupire Patricia qui, en fait, n'aura pas à se poser trop de ques-

215

VAE (Validation des Acquis de l'Expérience), un nouveau dispositif pour faire valider son expérience professionnelle

On connaît le principe de la Validation des Acquis de l'Expérience : permettre à une personne engagée dans la vie active d'obtenir un diplôme en faisant valoir ses années de travail en entreprise sans passer par les bancs de la fac.

Avec la nouvelle loi de modernisation votée en décembre 2001, le dispositif se voit, à la fois, rénové et simplifié. Désormais, on peut acquérir un diplôme ou un titre dans sa totalité dès lors qu'il existe une correspondance entre l'expérience et ce que le diplôme ou le titre requiert comme connaissances, aptitudes, compétences. Précédemment, seule une partie du diplôme était accordée.

Autre nouveauté : le dispositif élargit la validation des acquis de l'expérience à l'ensemble des diplômes, titres et certificats de qualification (diplômes technologiques et professionnelles de l'Éducation nationale, les diplômes du ministère de la Jeunesse et des Sports et du ministère de l'Agriculture.

En outre, la nouvelle loi permet à toute personne qui justifie de trois ans d'activité dans le diplôme visé -contre cinq ans auparavant- de bénéficier de la VAE.

À consulter : www.travail.gouv.fr

tions sur son avenir. La société suisse Laser Com SA l'a « débauchera » de chez Rank Xerox, pour un poste d'ingénieur d'affaires. Outre la satisfaction d'être « chassée » pour ses compétences, Patricia savoure le plaisir de travailler en harmonie avec son nouvel environnement.

© APEC - Éditions d'Organisation (Groupe Eyrolles)

« TOUTE LA JOURNÉE DANS UN BUREAU FERMÉ, JE DEVENAIS FOU ! »

L'exemple de Patricia Mabilleau montre également que l'on aurait tort de continuer de penser que le bilan de compétences est réservé aux salariés qui se sentent menacés dans leur emploi. *« Fondamentalement, le salarié vient entreprendre un bilan pour retrouver un sens et déterminer la bonne direction, dans laquelle il pourra s'engager. »*, estime Yves Bayard[1]. Parfois, une hypothèse d'orientation ou un avant-projet sont dessinés. Le travail du bilan, avec l'appui du consultant, servira d'aiguillon pour découvrir *« ses compétences et ses motivations réelles en rapport avec un référentiel de compétences nécessaires, dans l'emploi ciblé. »* En outre, cette «introspection» effectuée au cours du bilan de compétences, permet d'identifier certains freins psychologiques, voire ses propres incohérences. Comme de se rendre compte que *« l'on a cultivé une certaine image de soi, une forme d'autosatisfaction stérile. »*, témoigne Jean-Philippe M. Ce journaliste s'est résolu à entreprendre un bilan de compétences, plusieurs mois après avoir claqué la porte d'un grand quotidien. Son malaise s'est déclenché le jour où il a été bombardé au «desk», coincé dans un endroit «insupportable», estime-t-il. *« J'attendais, toute la journée, qu'arrivent les articles pour les mettre en page. Le boulot en soi ne me dérangeait pas, mais à attendre toute la journée, dans un bureau fermé, je devenais fou ! »* Le bilan lui a précisé et confirmé ses compétences de journaliste spécialisé dans trois secteurs d'activité ! Une perspective nouvelle qui lui fait regretter de n'avoir su se positionner comme expert de ces créneaux

(1) Voir « À lire » (en fin de chapitre)

thématiques au sein de son ancienne entreprise. «*Peut-être aurais-je été entendu? Peut-être pas? Le fait est que je n'ai rien demandé.*», constate-t-il avec un peu plus de recul. Pour le moins, Jean-Philippe se sent mieux armé lorsqu'il propose ses services de journaliste indépendant aux autres rédactions. Désormais, il recherche des missions. «*Un compromis entre mon besoin d'indépendance et la nécessité de gagner ma vie.*», conclut-il sereinement.

BILAN DE COMPÉTENCES : UNE QUESTION DE FEELING

À coup sûr, le bilan de compétences permet d'élaborer un projet professionnel réaliste et sérieux. Mais, sa réussite dépend aussi, et très largement, du contact, du feeling, entre le consultant et le cadre. Le rapport de confiance est fondamental, car le cadre qui entreprend un bilan est amené à traiter avec son consultant de sujets professionnels, mais également d'éléments plus personnels déterminant de son savoir-être. *« Ce travail d'introspection et de bilan met souvent le sujet dans un état de demande quasi-affective qu'il ne faut pas occulter. »*, prévient Yves Bayard. Normal, commente Jean-Philippe M. : *« Le bilan met en cause l'image de soi. »* Sans doute est-ce pour cette raison qu'il a choisi, pour effectuer son bilan, une consultante qui *« avait l'air sympathique. J'avais envie de me livrer à elle. »*, ajoute-t-il. *Mais, j'ai tenu à ce qu'elle se livre aussi pour savoir ce qu'elle avait dans le ventre, comme on dit ! Elle m'a parlé*

COMMENT ÉVALUER UN COLLABORATEUR

de l'état d'esprit dans lequel elle exerçait son métier. Ça m'a rassuré!» Tout aussi important est le choix du cabinet. Fabienne Meyer, chargée de communication audio-visuelle, a, elle aussi, pris soin d'étudier de près la liste des cabinets conseils agréés avant de choisir. *«Je les visitais un à un, les interrogeais sur leurs méthodes de travail. J'éliminais d'office ceux qui me laissaient l'impression d'avoir visité une... «usine». Jusqu'à trouver la petite structure où j'ai rencontré une consultante que je sentais prête à l'écoute, ouverte à mes attentes.»* Le bilan de compétences est toujours réalisé hors de l'entreprise, par un consultant extérieur. *«À chaque étape, on me remettait un cahier thématique, du type «Réalisations» sur lequel j'inscrivais mes actions et réflexions. J'en faisais le debriefing quinze jours plus tard, avec ma consultante.»*, explique Fabienne Meyer.

MÊME À 50 ANS, UN BILAN EST UTILE

Contrairement à ce que l'on pourrait imaginer, ce n'est pas parce que l'on avance en âge que le bilan devient moins utile. Il apparaît même, pour un cadre de 50 ans, aujourd'hui amené à réexaminer ses objectifs de carrière – ce qui ne se fait pas sans une remise en question personnelle –, comme l'outil le plus approprié. Et les entreprises ont tout intérêt à généraliser la promotion de ce bilan auprès de leurs cadres, en particulier des cadres de plus de 40 ans, pour qui il devient indispensable. «Cette promotion du bilan de carrière permettra d'offrir aux cadres les moyens de gérer leur carrière et leur «employabilité» au sein comme au-dehors de l'entreprise», note le Baromètre Apec/Groupe QuinCadres 2002. Ce bilan comporte, bien sûr, un travail important sur soi. Prendre acte des changements de sa position sur le marché et

© APEC - Éditions d'Organisation (Groupe Eyrolles)

Piloter sa carrière

Outre le bilan de compétences individuel, l'Apec propose aux cadres en activité un bilan de compétences en groupe, méthode spécifique associant la réflexion individuelle à une réflexion collective. À chaque étape de son bilan, le cadre expose son travail face à un groupe de cinq personnes maximum. Le regard des autres lui permet de valider son projet professionnel et d'argumenter devant des interlocuteurs de différents horizons. Les Bilans de compétences « Perspectives » se déroulent sur deux jours, consacrés au bilan et à l'esquisse du projet. Un troisième rendez-vous est pris un mois plus tard, pour confirmer son projet et l'argumenter.

Pour plus d'informations, consultez votre centre Apec. www.apec.fr ou téléphonez au N° Azur : 0 810 805 805[1]

_____

(1) prix appel local (sauf d'un téléphone mobile)

se confronter aux jugements négatifs et aux idées reçues de la part des recruteurs seront des enseignements précieux. Après avoir accepté ce changement de positionnement sur le marché, le bilan permettra aux cadres, notamment ceux de 50 ans et plus, de reconstruire un système de valeurs où leurs qualités seront reconnues et recherchées. « Pour éviter une baisse progressive d'« employabilité », que l'on a constatée à partir de 50 ans, le senior en activité a tout intérêt à anticiper sa mobilité professionnelle au lieu de la subir. Et ce, d'autant plus que la durée de la vie au travail s'allongera très probablement ».

ÉVITER LA BAISSE PROGRESSIVE DE SON EMPLOYABILITÉ

Le candidat au bilan de compétences n'est pas obligé d'informer[1] son employeur de sa démarche. Certains cadres choisissent d'ailleurs de s'acquitter eux-mêmes des frais à engager plutôt que de mettre leur entreprise à contribution. *« Non pas parce qu'ils veulent le cacher, mais parce qu'ils souhaitent être totalement libres dans leur réflexion. »*, explique Caroline Durand, de l'Apec. Le bilan se déroule en trois phases. La première est destinée à définir les besoins du bénéficiaire et à l'informer des conditions du déroulement de l'opération. La seconde phase, dite d'investigation, est consacrée à l'identification des compétences et aptitudes, à l'analyse des motivations, en prenant en compte le domaine professionnel, et personnel. La troisième phase, élaboration d'un projet et de son plan d'action, se clôt par la remise d'un document de synthèse au bénéficiaire du bilan. En application des termes du décret du 2 octobre 1992 qui définit le déroulement du bilan, lui seul est destinataire des résultats détaillés et du document de synthèse. Il en a, donc, la maîtrise absolue. Mais, en impliquant (contractuellement) son employeur, ou si l'employeur est à l'origine de la demande d'un bilan et qu'il le finance, le salarié lui accorde le droit de partager tout ou partie de ces informations.

Les motivations du salarié, face au bilan de compétences, ne sont, évidemment, pas identiques à celles des entreprises. Une

(1) Vous pouvez effectuer un bilan de compétences pendant vos congés. Le financement d'un bilan de compétences peut être pris en charge par l'organisme collecteur (OPCA) agréé de votre entreprise ou de la branche professionnelle, ou encore, par le Fongecif (Fonds de gestion des congés individuels de formation).

étude, réalisée par le cabinet «Capfor Évolution»[1] auprès de 120 entreprises (dont 48 % de plus de 1 000 salariés), interroge les DRH sur leurs attentes en matière de bilan de compétences. On apprend, ainsi, que les circonstances qui ont incité ces DRH à proposer à certains de leurs salariés, un bilan de compétences, sont variables : en prévision d'une réorientation d'un salarié en interne (46 %), de la promotion d'un collaborateur (43 %), pour résoudre un «cas difficile» (28 %) en prévision d'une «réorientation externe» (21 %), pour améliorer la performance d'un collaborateur (10 %). Un bilan pour, le plus souvent, réorienter et donc pour faciliter une mobilité interne, voire une prise de responsabilité. Mais, une fois son bilan de compétences, effectué, que devient le salarié ? Quel type de décisions les DRH prennent-elles ? Sur ce sujet, hélas, l'étude menée par «Capfor Évolution» reste muette. Tout au plus, constate-t-on que «92 % des entreprises ne proposent jamais (ou rarement) un coaching au salarié, à l'issue du bilan !»

---

(1) Source : in Entreprise et Carrières

À lire :
• **Évaluation du personnel »,** par Claude Lévy-Leboyer, 2000, 248 pages, Éditions d'Organisation. 26,30 €
• **«Guide du self-audit »,** par Olivier Lemant et Pierre Schick, 2001, 184 pages, Éditions d'Organisation. 28,80 €
• **«Les illusions du management. Pour le retour du bon sens »,** par Jean-Pierre Legoff, 2000, 163 pages, Éditions La Découverte & Syros. 6,86 €
• **«L'ingénierie des compétences »,** par Guy Le Boterf, 2001, 539 pages, Éditions d'Organisation. 40,70 €
• **«Réussir son bilan de compétences. Par qui ? Pourquoi ? Comment ?»,** par Yves Bayard, 2000, 139 pages, Collection «Les Pratiques Demos», Éditions Demos. 15,24 €
• **«Les méthodes d'évaluation de la personnalité »,** par Jean-Luc Bernaud, 128 pages, Topos Poche. 7,95 €
• **«L'entretien d'appréciation du personnel »,** par Jacques Piveteau, 2000, 225 pages, Insep Éditions. 29,00 €

RADIOSCOPIE

> IDENTIFIEZ VOS PRINCIPALES COMPÉTENCES

Voici une liste de compétences (talents, habiletés ou savoir-faire). Nous les avons regroupées en 14 familles sous un intitulé majeur. Les regroupements ont pour but de mieux éclairer le sens à donner au verbe principal. Dans un premier temps, prenez-en connaissance en identifiant bien ce qui les caractérise et les distingue les uns des autres.

DÉCIDER	GÉRER	DIRIGER	ADMINISTRER	PRODUIRE
ARRÊTER	ACQUÉRIR	ANIMER	CLASSER	APPLIQUER
CHOISIR	AMORTIR	COMMANDER	COMPTER	EFFECTUER
CONCLURE	BUDGÉTER	CONDUIRE	ENREGISTRER	EXÉCUTER
DÉTERMINER	ASSAINIR	CONFIER	ÉTABLIR	FAIRE
ÉLIMINER	COMPTABILISER	DÉFINIR	GÉRER	RÉALISER
FIXER	CONSOLIDER	DÉLÉGUER	INVENTORIER	(+ autres activités
JUGER	ÉCONOMISER	GOUVERNER	RANGER	à caractère
OPTER	ENRICHIR	GUIDER	RECENSER	répétitif à base
RÉGLER	ÉQUILIBRER	IMPULSER	RÉGIR	d'une technicité).
RÉSOUDRE	EXPLOITER	INSPIRER	RÉPERTORIER...	
TRANCHER...	GAGNER	INSTITUER		
	INVESTIR	MANAGER		
	OPTIMISER	PILOTER		
	RENTABILISER...	PRÉSIDER...		

ORGANISER	COMMUNIQUER	DÉVELOPPER	CHERCHER	FORMER
AMÉNAGER	DIALOGUER	ACCROÎTRE	ANALYSER	ANIMER
ANTICIPER	DISCUTER	AMÉLIORER	CALCULER	APPRENDRE
ARRANGER	ÉCHANGER	AUGMENTER	CONSULTER	CONDUIRE
COORDONNER	ÉCOUTER	COMMERCIALISER	ENQUÊTER	DÉVELOPPER
DISTRIBUER	EXPRIMER	CONQUÉRIR	ÉTUDIER	ÉDUQUER
ÉTABLIR	INFORMER	ÉLARGIR	EXAMINER	ENTRAÎNER
PLANIFIER	INTERVIEWER	ÉTENDRE	EXPÉRIMENTER	ÉVEILLER
PRÉPARER	NÉGOCIER	DÉCLENCHER	OBSERVER	INSTRUIRE
PRÉVOIR	PARTAGER	IMPLANTER	PROSPECTER	SENSIBILISER
PROGRAMMER	RÉDIGER	LANCER	RECHERCHER	TRANSFORMER...
RÉPARTIR	RENSEIGNER	PROGRESSER	SONDER...	
STRUCTURER...	TRANSMETTRE...	PROMOUVOIR		

CONTRÔLER	CRÉER	NÉGOCIER	CONSEILLER	AUTRES
APPRÉCIER	ADAPTER	(COMMERCIAL,	AIDER	Éventuellement
ENQUÊTER	AMÉLIORER	SOCIAL)	CLARIFIER	à préciser
ÉPROUVER	CONCEVOIR	ACHETER	COMPRENDRE	
ÉVALUER	CONSTRUIRE	ARBITRER	DIAGNOSTIQUER	
EXAMINER	DÉCOUVRIR	ARGUMENTER	ÉCLAIRER	
EXPÉRIMENTER	ÉLABORER	CONCLURE	ÉCOUTER	
MESURER	IMAGINER	CONSULTER	GUIDER	
PROUVER	INNOVER	CONVAINCRE	INCITER	
SUPERVISER	INVENTER	DÉMONTRER	ORIENTER	
SURVEILLER	RENOUVELER	DISCUTER	PRÉCONISER	
TESTER	TRANSFORMER	INFLUENCER	PROPOSER	
VALIDER	TROUVER...	PERSUADER	RECOMMANDER...	
VÉRIFIER...		PLACER		
		PROPOSER		
		SÉLECTIONNER...		

Source : Méthode Déclic

Dans un deuxième temps, vous allez prendre en compte les compétences que vous reconnaissez aujourd'hui.

Pour cela : considérez que l'ensemble de vos compétences représente un capital de 100 points. Répartissez ce capital entre les différentes compétences que vous reconnaissez, selon le poids relatif que vous leur attribuez.

Total	100 points
Décider	
Organiser	
Contrôler	
Gérer	
Communiquer	
Créer	
Diriger	
Développer	
Négocier	
Administrer	
Chercher	
Conseiller	
Produire	
Former	
Autres (à préciser)	

Quelles sont ainsi vos compétences dominantes (5 à 6 maximum) ?

1) ....

2) ....

3) ....

4) ....

5) ....

6) ....

Maintenant, vous allez examiner les choses sous un autre angle.

Pour chaque poste/fonction que vous avez occupé :

Pour cela, utilisez la notation :   0 = pas du tout
                                    1 = un peu
                                    2 = beaucoup
                                    3 = tout à fait

Évaluez vos compétences

Situations	S	S-1	S-2	S-3	S-4	Total S
Décider						
Organiser						
Contrôler						
Gérer						
Communiquer						
Créer						
Diriger						
Développer						
Négocier						
Administrer						
Chercher						
Conseiller						
Produire						
Former						
Autres (à préciser)						

S : situation actuelle – s-1 : situation précédente... et, ainsi de suite, en remontant le temps. – Puis, faites le total de vos notes par ligne.

ATTENTION : appliquez un abattement de 50 % aux notes que vous avez retenues pour les postes ou fonctions occupés, il y a plus de 12 ans.

Quelles sont ainsi vos compétences dominantes (5 à 6 maximum) ?

....

....

....

....

Comparaison des résultats

PRINCIPALES COMPÉTENCES Telles qu'elles apparaissent dans votre évaluation	PRINCIPALES COMPÉTENCES Telles qu'elles apparaissent par addition de vos différentes expériences
1 .... 2 .... 3 .... 4 .... 5	1 .... 2 .... 3 .... 4 .... 5 ....

S'il y a concordance entre les deux approches, vous avez bien identifié vos compétences dominantes. Si vous constatez des différences dans le résultat des deux approches, vous devez pouvoir en comprendre l'origine ou les causes pour arriver, en synthèse finale, à identifier vos compétences d'aujourd'hui.

1 ....
....
2 ....
....
3 ....
....
4 ....
....
5 ....
....

Chapitre **9**

DES OUTILS ET DES DÉRIVES

On a beau utiliser les outils les plus sophistiqués, on n'est pas pour autant protégé de sa propre subjectivité. Les DRH connaissent bien la portée et les limites de l'évaluation. Mais, quand c'est à votre tour de passer sur le grill, mieux vaut connaître les dérives possibles : évaluation «peau de banane», évaluation «coup d'épée dans l'eau», «évaluation à la tête du client» ou «coup fourré»... D'ailleurs, questionne un professionnel : «L'évaluation est-elle certaine de mesurer ce qu'elle veut mesurer ?» Pas si simple.

En tous les cas, les garde-fous se multiplient : une nouvelle norme pour les activités de recrutement et d'évaluation ; des détectives privés chargés de débusquer les CV truqués...

LES EFFETS PERVERS DE LA SOPHISTICATION

O n a beau multiplier les instruments pour affiner les analyses, nul n'est certain d'être à l'abri de l'imprévu, de l'inconnu, de l'échec. Et, malgré la sophistication des outils, tous les évaluateurs reconnaissent humblement s'être trompés au moins une fois dans leur carrière. Point positif : tous s'en souviennent ! Exemple type d'évaluation malheureuse : le mauvais salarié au mauvais poste. Parce que surestimé, surévalué. Un cas rare ? Pas tant que cela. Certaines personnes ont le don de séduire, de subjuguer, de convaincre même les plus chevronnés des recruteurs, sans leur fournir la moindre preuve de leurs prétendues compétences. Ils s'offrent même le luxe de décrocher la lune : le poste de leur rêve dans l'entreprise qu'ils ont choisie. Seul hic, une fois leur but atteint, il leur faut assurer, faire leurs preuves sur le terrain, ramer pour réaliser les objectifs que l'entreprise leur assigne. Et c'est là, bien sûr, que les choses commencent à se gâter !

Valentine C. possède ce qu'il convient d'appeler un charisme certain. Diplômée de l'institut d'études politiques en Belgique, elle n'a, en guise d'expérience professionnelle, qu'une poignée de stages à son actif, plus ou moins « *axés sur la communica-tion* ». Les nouvelles technologies de l'information l'intéressent, mais sans plus. Le projet d'en faire son « terrain » d'activité naît de la rencontre d'un groupe d'ingénieurs en NTIC, un peu fêtards, avec lequel elle se lie d'amitié. Au point qu'elle se met en tête de les rejoindre dans leur start-up. « *Nous n'avons pas de poste pour ton profil généraliste.* », rétorquent ces deniers. Qu'à cela ne tienne répond-t-elle : « *Il suffit de m'en créer un, sur-mesure !* » Nul ne la prend au sérieux... six mois plus tard, Valentine C. rejoint pourtant son groupe d'amis en tant que chargée de marketing et de communication ! Mieux, elle est payée plus cher que la moyenne des ingénieurs informaticiens en poste depuis quelques années.

LE MALHEUREUX DESTIN DE VALENTINE

En fait, la jeune femme avait fait des pieds et des mains pour rencontrer le numéro 2 de l'entreprise et l'a convaincu de l'intérêt de développer une communication commerciale pour décrocher de nouveaux marchés et damer le pion à la concurrence. Il est vrai que Valentine a de quoi convaincre : extravertie, gaie, séduisante, entreprenante, « pêchue », elle donnerait de l'espoir à qui aurait tout perdu. Aussi la croit-on sur parole lorsqu'elle annonce son intention de déplacer des montagnes. Face à un tel « show » Le numéro 2 abdique et accepte ses prétentions salariales. Sur le moment, Valentine jubile..., mais l'euphorie sera de courte durée. Passés les premiers jours, les difficultés surgissent : un collègue se serait bien vu occuper son poste et toucher son salaire (problème de légitimité). Valentine avoue aujourd'hui : « *Je ne comprenais rien à ce qui se disait en réunion.* » (problème de compétences). Elle continue cependant à « faire copain-copain » avec le reste de l'équipe sans pen-

Jean-François Jardini, dirigeant Futurestep Korn-Ferry Grand Est

«Des gris-gris pour conjurer le sort!»

«L'acte d'évaluer est un acte chirurgical par excellence, engageant celui qui évalue comme celui qui est évalué. Le rituel du recrutement, en revanche, n'est jamais qu'un acte conjuratoire: le recruteur a peur d'échouer. D'autant que la plupart des candidats d'aujourd'hui, sont formés au recrutement et connaissent les questions et les réponses! Aussi, si le recruteur conduit un entretien, dont le déroulement ne lui permet pas d'en savoir suffisamment sur la personnalité du candidat qui est en face de lui, et qu'il dispose d'un outil qui prétend lui donner une information supplémentaire (graphologie, bilan de compétences, évaluation croisée...). Eh bien, il n'hésitera pas à l'utiliser pour vérifier un «ressenti». En fait, il ne fait que conjurer le sort!»

ser même à s'imposer dans la relation professionnelle (problème de management). Très vite, Valentine se heurte à ses limites, se sent mal à l'aise, se met souvent en arrêt maladie. Son recruteur flaire la supercherie au bout de quelques semaines à peine. Ce qui ne l'empêche pourtant pas de la confirmer à son poste par un contrat à durée indéterminée... À n'y rien comprendre. Valentine démissionne au bout de deux ans! Deux années consacrées réellement à des travaux de secrétariat alors qu'elle arborait sur sa fiche de paye et sa carte de visite, le titre de responsable de marketing et communication. Mais ni elle, ni son recruteur n'ont eu le courage de s'avouer leur échec mutuel.

L'ÉVALUATION « PEAU DE BANANE »

Autre piège de l'évaluation : les enjeux personnels. Le scénario est rapporté par le DRH de Sodexho, Hervé Lhomme. Il illustre la difficulté de se fier à 100 % à une évaluation. *« Soit l'appréciation de N par N-1. Si cette appréciation n'est pas favorable à N, alors que celle de N + 1 l'est, il y a manifestement un problème. »* Que peut-il se passer ? Soit N-1 est incompétent. Ce qui est possible. Soit c'est N + 1 qui est incompétent. Pourquoi pas, mais l'hypothèse est peu probable. *« Il faut chercher ailleurs. »*, répond Hervé Lhomme. Exemple : imaginez que vous souhaitez vous défaire d'un collaborateur depuis un certain temps. Hélas, vous ne savez comment le lui dire. Vous adopterez alors une stratégie alambiquée, qui consiste à proposer à ce collaborateur une évaluation dans un périmètre éloigné du sien (sur d'autres critères que ceux de ses objectifs commerciaux). Auparavant, vous aurez pris soin de ratifier une première évaluation dans laquelle vous aurez souligné les points de progrès, pour en laisser une trace écrite ! Non seulement, la démarche est perverse, mais elle détourne en outre, l'acte d'évaluation de son but initial. Un but que les praticiens voudraient préserver de l'influence des querelles de pouvoirs et autres enjeux personnels qui lui imposent des limites. C'est l'évaluation «peau de banane» !

Isabelle de M. a subodoré le piège derrière la proposition de son supérieur hiérarchique de lui faire passer un 360° feedback. Technico-commerciale en informatique, elle a fait exploser ses objectifs commerciaux en décrochant trois gros contrats, coup sur coup. De quoi susciter l'envie de ses collègues et celle de son manager qui découvre que l'élève dépasse le maître. De quoi surtout générer des aigreurs, de l'amertume de la part des autres technico-commerciaux, moins brillants. D'ou ce 360° qui élargit le nombre et la qualité de vos évaluateurs : *« Je redoutais la jalousie de mes collègues. Mais ils étaient incontournables, selon mon manager. Pour rééquilibrer les regards, j'ai dû ouvrir la liste des évaluateurs aux subordonnés, aux clients, aux fournisseurs. »* Une initiative qui est passée comme une lettre à la poste, puisque c'est la règle du 360° que de permettre à l'évalué, de choisir ses évaluateurs.

> « Si l'évaluation n'est suivie d'aucune action, on génère des frustrations. »

Tout aussi dangereuse, l'évaluation «coup d'épée dans l'eau» qui est une réalité que vous risquez de devoir affronter. *« Si l'évaluation n'est suivie d'aucune action, on génère des attentes et des frustrations. »*, prévient François Humblot, dirigeant de Humblot-Grant Alexander, spécialisé dans le conseil en recrutement et en mobilité interne. Car, et c'est bien l'autre enjeu important de l'évaluation que de *« démultiplier les forces des responsables des ressources humaines, de leur faire faire des choses qu'ils ne soupçonnaient pas. »*, estime Nadine Ferdinand, consultante Futurestep Korn-Ferry. Mais elle s'interroge : *« L'entreprise déserre-t-elle vraiment les freins pour donner à ses collaborateurs la possibilité d'exploser au travail, d'exprimer leurs talents… ? »* Dans le cas contraire, *« On finit par penser que l'évaluation ne sert à rien. »*, regrette Jean-Luc Olivaux, consultant animateur des Bilans «Perspectives» de l'Apec. C'est même une certitude chez Philippe, chef de produit chez un parfumeur, qui s'est fait souffler la place de chef de groupe par un collègue. Ecœuré par des entretiens annuels d'évaluation qui jamais ne

Le juge encadre la négociation des objectifs des commerciaux et renforce la position du salarié

Les juges de la Chambre sociale de la cour de cassation sont intervenus à plusieurs reprises sur le sujet de l'évaluation.

1. Cass. Soc. 18 avril 2000 : les objectifs ne peuvent être fixés unilatéralement par l'employeur, sans l'accord préalable du salarié.

2. Cass. Soc. 20 octobre 1998 : le salarié doit également négocier le niveau d'intéressement qui rémunère l'atteinte des objectifs. Ces derniers doivent être raisonnables et compatibles avec le marché.

3. Cass. Soc. 3 mars 1999 et Cass. Soc. 16 novembre 1999 : les objectifs doivent être aussi compatibles avec les horaires du commercial.

4. Cass. Soc. 23 février 2000 : si l'employeur juge insuffisants les objectifs atteints, il doit appuyer l'évaluation par des faits tangibles

laissent entrevoir une prise de galons, tout au plus des formations au management, Philippe a fait sienne la devise « qui peut le plus peut le moins ». Finies les soirées et les week-ends passés à bosser ! En revanche, pas une once de compassion à l'égard de son collègue-chef : au moindre signe de fatigue ou de défaillance, Philippe lui glisse un ou deux mots « bien sentis », juste pour le mettre sur le fil du rasoir. Pas très fair-play, reconnaît-il, mais l'amertume est là : *« Si je ne peux progresser dans la hiérarchie, qu'on me le dise franchement. Je conçois très bien que nous ne soyons pas tous des managers nés ! »* Un postulat que les comportements maladroits de Philippe tendent, hélas, à démontrer. En fait, Philippe est devenu le contre exemple de l'attitude à suivre.

ON NE SAIT GUÈRE COMMUNIQUER SUR L'APRÈS-ÉVALUATION

L'évaluation «coup d'épée dans l'eau» n'est pas monnaie courante, mais elle n'est pas rare non plus. Les entreprises qui s'y risquent, connaissent tôt ou tard le syndrome du turn-over, signe d'un malaise profond. Certaines se gardent donc de faire des promesses, à moins d'être certaines de pouvoir les tenir. D'autres, soucieuses d'endiguer un fort turn-over ou de l'éviter, veulent apprendre à gérer l'après-évaluation. *« Il faut considérer cette phase avec la même exigence que celle que nécessite la conduite de l'évaluation.»*, conseille François Humblot. Jean-Luc Olivaux intervient fréquemment auprès de cadres managers qui cherchent une solution pour fidéliser leurs salariés. *« On s'est rendu compte*, explique-t-il, *que si l'on savait conduire un entretien d'évaluation, on savait beaucoup moins bien communiquer sur l'après-évaluation. »* Au cours des sessions qu'il anime, Jean-Luc Olivaux apprend à ces hiérarchiques comment «dire des choses pas toujours très agréables», sans forcément perdre les relations d'amitié ou de sympathie qui se tissent dans le cadre professionnel. Comment ? Tout simplement en privilégiant le factuel, en parlant de manière objective et d'abord, en avançant par points d'accord sur ce qui s'est passé durant l'année. *« La pire des choses, c'est de commencer par le jugement ! »*, assure-t-il.

LA SUBJECTIVITÉ
DE L'ÉVALUATEUR

« **S**i l'évaluation a des limites ? Bien sûr, elle en a ! », affirme Jean-François Jardini, dirigeant de Futurestep Korn-Ferry. Il poursuit en posant cette question, la première de toutes : « *Est-on seulement certain de mesurer ce que l'on veut mesurer ?* » Une réponse ne se fait pas attendre : « *Il existe beaucoup d'outils d'évaluation dont on ne sait pas vraiment ce qu'ils mesurent.* » Comment, par exemple, prétendre faire le tour d'une personne en quelques heures ou quelques jours ? C'est faire fi de la complexité de l'être humain. Car « *il existe en lui une forme d'infini et l'on ne peut modéliser tous ses comportements*, estime Nadine Ferdinand, consultante dans le même cabinet conseil en ressources humaines. *Un jour ou l'autre se révèlera un aspect de l'individu que l'on n'aura pas décelé.* » Comme la plupart des recruteurs aguerris aux méthodes de l'évaluation, Nadine Ferdinand n'a pas peur de se fier à… son feeling ! La consultante confie qu'en « prenant de la bouteille », elle a acquis une assurance qui lui permet de décider en faveur d'un candidat plutôt qu'un autre, sur la base d'un entretien bien mené et validé par un test type assessment center. Ce fameux assessment center! *« Un garde-fou »*, reconnaît Thierry Herzog, directeur des ressources humaines des Brasseries Heineken qui ajoute : *« Pour autant, le feeling ne doit pas être occulté. »* Il peut arriver enfin, que l'évaluateur perçoive clairement un point de rencontre entre les talents, les aspirations du candidat et ce que recherche l'entreprise. *« C'est ainsi que se font les meilleurs recrutements. »*, certifie Nadine Ferdinand. Bien sûr, ces rencontres éclatantes d'évidence sont rares, pour ne pas dire, exceptionnelles.

LA PEUR DE L'ÉVALUATEUR

Les évaluateurs ont donc constamment besoin de se rassurer. Eux aussi ont peur d'échouer. *« La promotion, le recrutement sont des décisions insécurisantes. Que l'on se dote d'outils, tels que la graphologie, l'évaluation croisée ou le bilan de compétences… on ne fait que conjurer le sort ! »*, analyse Jean-François Jardini. Quant à anticiper sur le bien-fondé d'une promotion ou du recrutement *« à l'épreuve de la confrontation des subjectivités au quotidien… C'est une autre paire de manche ! »*, ajoute-t-il.

« L'évaluation c'est ce à quoi parvient un homme de ressources humaines et c'est toujours discutable, estime François Humblot. *Donc, penser seulement à l'outil et parler de l'outil, c'est traiter le problème par le petit bout de la lorgnette. »* C'est vrai qu'à force de se focaliser sur l'outil, on en oublierait l'inévitable subjectivité de l'évaluateur. Pour se donner bonne conscience ? Christian Balicco n'hésite pas à pointer du doigt l'influence de cette subjectivité de l'évaluateur et qui, dès le départ, pourrait venir fausser le contenu d'une méthode d'évaluation aussi pratiquée que l'entretien de recrutement. L'âge du candidat ne fait-il pas partie de ces paramètres ? On ne peut

« Je suis pour le challenging. »

« L'évaluation, c'est un plus, une manière indéniable de se motiver soi-même. Tous les ans, mon directeur d'usine me fait passer un entretien de performance. La première phase de l'évaluation se rapporte à ma fonction. Exemple : suis-je débutant ou est-ce que je maîtrise mon poste de responsable technique ? Je dispose, pour répondre à la question, d'une grille de cotation aux termes de laquelle je suis noté de 1 à 5 sur neuf critères (leadership, ouverture, maîtrise technique...). Il s'agit plutôt de critères de savoir être que de savoir-faire qui permettent d'apprécier la qualité de mon apport à l'entreprise : suis-je un bon manager d'équipe ? Suis-je charismatique, etc. C'est à partir de cette grille que mon salaire est calculé et, jusque là, tout s'est bien passé pour moi ! Quant à la seconde phase, elle vise à examiner si j'ai atteint les cinq objectifs que l'on m'avait fixés en début d'année. En fait, ces cinq objectifs, c'est du « challenging » : ça permet de « prioriser » certains problèmes qui risqueraient de passer à la trappe. Moi, je suis partie prenante de ce type d'évaluation. Au final, on en retire certains avantages. Alors, pourquoi y aller à reculons ? »

nier « *la dimension culturelle de ce facteur, notamment en France où l'on est vieux de plus en plus jeune.* » Âge, sexe, physique disgracieux, obésité, voix désagréable... autant de facteurs disqualifiants, mais que personne n'avouera jamais comme tels. Sauf en privé. La race, les préjugés et les croyances peuvent jouer également en la défaveur de bon nombre de candidats. Idem de l'homosexualité pour laquelle « *les jugements sont encore extrêmement sévères.* », regrette Christian Balicco.

Outre les réserves formulées par les responsables des ressources humaines, qui portent un regard très lucide sur la portée et les limites de l'évaluation, on note également certaines critiques émanant de spécialistes du social. L'exemple de l'entretien annuel d'évaluation est, à ce titre, intéressant. Rappelons qu'il est né à la demande de l'encadrement. Aujourd'hui, les syndicats réclament une réglementation visant *« à donner toute sa place au paritarisme dans le système d'évolution et de promotion »* a estimé l'Union Générale des Ingénieurs Cadres et Techniciens (UGICT-CGT) lors de son congrès, de mars 2000. La demande reflète un certain malaise des cadres face à l'exercice annuel, pour ce qu'il ne dit pas : qu'il est aussi un entretien hiérarchique par excellence ; d'une objectivité incertaine puisque l'évaluateur est dans la plupart des cas le N + 1 avec lequel on entretient, peut-être, des relations conflictuelles ; qu'il est le moyen de mettre en valeur d'éventuelles carences du salarié et, parfois, de lui imposer des obligations nouvelles non prévues dans son contrat de travail ; qu'il est enfin sans intérêts, si l'entreprise ne dégage pas les moyens suffisants pour lui donner une issue concrète. Le sociologue et spécialiste du monde du travail au CNRS, Jean-Pierre Le Goff, n'hésite d'ailleurs pas à considérer cet outil, comme *« un nouveau mode de contrôle de l'activité salariée ! »*

Suite à l'affaire IBM (voir page 59), plusieurs syndicats des groupes informatiques IBM France et Hewlett-Packard France ont réclamé ensemble *« une issue alternative »* au système de notation des salariés en vigueur dans leurs entreprises. Un système qu'ils jugent *« arbitraire »* et vecteur de *« plans sociaux déguisés »*. Les syndicats des deux groupes informa-

Proposer une alternative aux systèmes de notation.

tiques ont « *engagé une réflexion pour proposer une alternative aux systèmes de notation, ou tout du moins favoriser la mise en place de commissions de contrôle pour éviter la généralisation de cet arbitraire* ». Ils dénoncent également « *une mécanique conduisant à la concurrence des salariés entre eux* ».[1]

Autre exemple : le 360° feed-back, très en vogue en ce moment (tout comme

> Tenir compte également de la part de subjectivité de l'évaluateur.

l'assessment center auquel les grandes entreprises accordent du crédit pour sa multiplicité des regards). Avec un 360°, on devrait pouvoir être certain de « verrouiller » son évaluation. Et il vaut mieux, car la méthode est lourde et coûteuse. Ses adeptes sont conquis par la liberté laissée à l'évalué de choisir ses évaluateurs. Sauf que : si le manager choisit quelqu'un de neutre, il n'apprendra rien ; s'il choisit quelqu'un qu'il connaît bien, il risque de recevoir : au mieux une image flatteuse, au pire un portrait désagréable. Quant aux évaluateurs, ils peuvent craindre, une fois leur évaluation faite, que leur vie dans l'entreprise ne devienne très... désagréable !

Bref, l'outil n'est qu'un outil. Il ne mesure que ce qu'il veut bien mesurer. Ses limites et sa pertinence dépendent pour beaucoup de l'objectif de son utilisation, du contexte de l'évaluation et, de toute évidence, de la part de subjectivité de l'évaluateur.

---

(1) Source : in La Tribune

243

COMMENT ÉVALUER UN COLLABORATEUR

SUR LA PISTE
DU FAUX CV

Autre facteur de brouillage : la triche. Mais attention, à ce jeu, salariés et entreprises risquent gros ! Ainsi, le salarié tenté d'enjoliver son CV en s'attribuant des diplômes qu'il ne possède pas ou des exploits professionnels imaginaires peut être démasqué sur un simple coup de fil chez ses anciens employeurs. *« La prise de références tend à se généraliser. »*, confirme Jean-François Jardini de Futurestep Korn-Ferry. Les cabinets de recrutement entament générale-ment cette démarche lorsque leur choix se fixe sur un ou deux candidats. La prise de références intervient donc dans un pro-cessus complet de sélection. En Allemagne, en revanche, les candidats inscrivent d'emblée sur leur épais dossier de candi-dature, plusieurs références que les employeurs ne manquent pas de vérifier. Et la vérification est quasi-systématique. En France, on se repose davantage sur l'entretien pour cerner le candidat et repérer, éventuellement, s'il y a bluff voire triche, ou, pour le moins, certaines zones d'ombre. Les déclarations fantaisistes portent généralement sur la rémunération anté-rieure – gonflée de quelques milliers d'euros – et le niveau de langues maîtrisées.

© APEC - Éditions d'Organisation (Groupe Eyrolles)

Dans certains cas, lorsqu'il s'agit de recruter des cadres de très haut niveau ou dans des domaines sensibles, tels que la Recherche & Développement ou le Commercial, certaines entreprises font appel aux services de sociétés privées spécialisées dans le renseignement. En langage décodé : des détectives privés ! L'un d'eux rapporte le cas d'un cadre supérieur travaillant dans la haute administration américaine et qui se prévalait de prestigieux diplômes européens qu'il n'avait jamais obtenus. Il se souvient également d'un responsable d'exploitation au parcours, en apparence, sans faute. Le détective après avoir interviewé ses anciens employeurs et collaborateurs, découvre le pot aux roses : tous étaient heureux de le savoir hors de leurs murs, hors d'état de nuire *« parce qu'il avait fichu un b... dans ces entreprises ! »*

QUAND LES ENTREPRISES FONT APPEL AUX SOCIÉTÉS PRIVÉES DE RENSEIGNEMENT

Il appartient, bien sûr, aux candidats d'accepter – ou pas – de travailler pour une entreprise qui utilise ce type d'investigation. Quant aux méthodes employés par ces sociétés privées de renseignements, notre interlocuteur assure : *« Ce que nous faisons, l'entreprise peut le faire elle-même. Mais, elle n'en a pas le temps. Pas plus de 10 % d'entre elles se donnent le temps d'assurer elles-mêmes la prise de références. Nos limites sont imposées par le Code pénal. Nous avons le droit de filer quelqu'un, de le prendre en photo dans les lieux publics, de l'enregistrer... »* La profession regroupe en France près de 2 000 agents, dont l'activité est régie par une charte déontologique. Du moins celles des structures fédérées par la Confédération Nationale des Détectives et Enquêteurs professionnels, basée à Montpellier.

Près de 3 CV sur 4 truqués ?

Vous viendrait-il à l'idée d'enjoliver votre parcours professionnel tel qu'il est décrit dans votre CV ? Non, bien sûr ! Et pourtant, Si l'on en croit une étude réalisée en 2001, par l'Institut Florian Mantione, plus des trois quart des CV seraient toilettés, truqués ou dénaturés. Et la première évaluation des candidats, faussée ! Le quotidien *Libération*[1] qui donne un large écho des résultats de l'étude, explique : *«Sur le marché de l'embauche, la triche se porte bien, disent les DRH et autres spécialistes du recrutement (...) au point que depuis quelques années, des vérificateurs de CV ont investi le créneau.»* Leur mission : remonter à la source pour traquer la fausse info sur un stage, un diplôme, un poste, notamment en contactant les anciens employeurs des candidats. Méfiance donc à l'égard des CV trop parfaits, *«sans aspérités»*, conseille l'Institut Florian Mantione qui prévient, cependant, qu'il y a *«une grande différence entre arranger un parcours et tromper*

un employeur». Reste, bien évidemment à éviter certains dérapages que l'on a pu constater lors de certaines vérifications d'infos. *«Il y a trois ans, un grand laboratoire pharmaceutique s'est fait épinglé pour avoir constitué des fiches très détaillées sur ses candidats. Nationalité, mœurs, opinions politiques ou appartenances syndicales, toutes ces informations étaient collectée par un obscur service interne sur des gens non encore embauchés»* écrit Libération qui précise, en donnant la parole à Rachid Brihi de Grumbach et Associés, cabinet d'avocats spécialisé en droit social : *«Selon la loi de 1992 relative à l'embauche, l'employeur ou l'employeur potentiel a le droit de solliciter des informations à condition qu'elles soient «en lien direct et nécessaire avec la fonction à remplir. Et la jurisprudence va dans le sens de la protection de la vie privée.»*
Reste que les recruteurs chevronnés ne devraient pas se laisser prendre au piège du CV truqué tant les ficelles des

---

(1) Source : in Libération

candidats sont globalement connues: stages transformés en CDD, salaires revus à la hausse, expériences rallongées pour masquer quelques mois de chômage... «*les informaticiens ou les commerciaux, par exemple, rallongent souvent leurs période d'activité.*» Mais il y a plus fort, raconte Patrick Chedeville, patron de Ceriv, une jeune société rennaise qui file les CV menteurs... ainsi ce «*candidat postulant à un poste d'animateur, qui avait passé deux mois comme barman dans un Club Med. Il a prétendu avoir été Go pendant deux ans.*» Question déontologie, Patrick Chedeville affirme ne jamais dépasser les bornes: «*On enquête sur le volet professionnel, non sur l'âge ou la situation de famille.*» Côté «tricheur», ça peut faire mal: quand le mensonge porte «*volontairement sur un élément déterminant de l'embauche le contrat de travail peut être annulé et le salarié licencié.*» Mais, si la supercherie est découverte plus tard, et pour peu que le salarié se montre compétent et qu'il remplisse sa fonction sans que l'employeur ne se plaigne, l'entreprise peut-être déboutée de sa plainte pour «tricherie» au motif de n'avoir pas effectué les vérifications nécessaires lors de l'embauche!

Le processus de recrutement est régi par le Code du travail. Par exemple, l'article L.311-4 de ce Code, précise les règles de la recherche par annonce: l'employeur anonyme doit quand même faire savoir au directeur de la publication, son nom, sa raison sociale et son adresse. Il est interdit de mentionner une limite d'âge imposée au postulant ou de l'induire en erreur avec de fausses informations sur la rémunération ou le descriptif de l'emploi. L'évaluation, elle aussi, est sous surveillance. L'article L.121-7 du Code du travail indique que «*Le candidat à un emploi est expressément informé préalablement à leur mise en œuvre des méthodes et techniques d'aide au recrutement et d'évaluation professionnels utilisés. Les résultats*

247

obtenus doivent rester confidentiels. Ces méthodes doivent être pertinentes au regard de la finalité poursuivie. »

Toujours dans un même souci « d'encadrement », les cabinets conseils en recrutement, sous l'égide du Syntec, viennent, avec la normalisation Afnor[1], de franchir un pas supplémentaire dans la volonté de transparence sur leur activité. Cette norme « *définit les principaux engagements qualité auxquels ils doivent répondre pour bien prendre en compte les attentes des entreprises clientes et des candidats* », au cours des trois phases essentielles du recrutement : la recherche, l'évaluation et la restitution de résultats. Entre autres obligations mentionnées concernant la recherche par approche directe, la norme insiste sur la confidentialité : « *Le nom d'une personne approchée s'étant portée candidate n'est pas communiqué à son employeur.* »

Le nom d'une personne « approchée » n'est pas communiqué à son employeur.

Au chapitre de l'évaluation, certaines méthodes, très critiquées, comme la morphopsychologie ou la chirologie ne sont pas explicitement exclues de la batterie des outils de l'évaluateur. Mais la norme y met, quand même, un peu d'ordre et de sérieux. La première partie de l'évaluation doit porter sur des « *critères factuels* » (formation, compétences, expérience...). Cette première sélection n'est, en aucun cas, graphologique. L'entretien est placé au cœur de cette étape. La norme fixe également le mode d'emploi de la prise de références auprès d'anciens employeurs. Les tests ne sont employés « *qu'après accord du candidat* » et doivent être « *fiables* » et « *vérifiés par des études statistiques* » ; la graphologie doit être pratiquée par un

(1) *La norme sous référence NF x 50 767 a été publiée au Journal Officiel, du 28 novembre 2001.*

© APEC - Éditions d'Organisation (Groupe Eyrolles)

graphologue ayant «*suivi une formation spécialisée d'au moins trois ans*» et qui utilise «*les éléments manuscrits originaux de moins d'un an*». La norme exclut, enfin, le recours à l'astrologie et la numérologie.

Quant à la restitution des résultats, le cabinet doit rendre compte au candidat et à sa demande, de l'état de sa motivation, de sa personnalité et de ses compétences. «*Normal,* estime François Humblot, membre du Syntec, un organisme qu'il a présidé. *L'évalué joue son rôle dans ce processus et la déontologie impose qu'on lui donne, en retour, le résultat de son évaluation.*»

À lire :
• «Compétence et navigation professionnelle»,
par Guy Le Boterf, 1999, 328 pages,
Éditions d'Organisation. 30,30 €
• «Le guide de la gestion de carrière»,
par Olivier Zeller, 2002, Express Prélude &
Fugue. 15 €

Site Internet :
IPM (Institut Psychanalyse et Management)
www.ip-m.com : un site pour réfléchir
sur le lien entre psychanalyse et management
(audit social, la formation-action, etc.).

> «ÉVALUER SANS SE MOUILLER...»

C hristian Balicco, docteur en psychologie et consultant en Ressources Humaines, s'est très sérieusement penché, depuis plus de 10 ans, sur la pratique de l'évaluation dans différents secteurs dont ceux de l'industrie, de la banque et des laboratoires pharmaceutiques. Auteur d'un ouvrage de référence sur le sujet[1], il ne va pas par quatre chemins : «*En France, les notations professionnelles sont puériles et moralisatrices parce que très souvent réalisées à partir de conceptions naïves.*» Notre observateur entend par là que les termes utilisés dans le cadre des notations professionnelles relèvent bien souvent d'une terminologie issue du langage de tous les jours. Par exemple : il s'étonne d'avoir repéré sur une feuille de notation toujours utilisée, des critères comme «ordonné et propre»! Une exception, reconnaît-il. Mais, enchaîne Christian Balicco, que signifie concrètement : «*Avoir le sens du management? Questionnez dix personnes, vous obtiendrez dix réponses différentes. Pour les uns, c'est savoir motiver ses collaborateurs. Pour d'autres, c'est être obéi par ses collaborateurs et savoir atteindre ses objectifs... Il en va de même pour l'aptitude à la négociation : s'agit-il d'une capacité à négocier un contrat, à s'adapter à son interlocuteur, à son*

---

(1) « *Les méthodes d'évaluation en ressources humaines. La fin des marchands de certitude* ». Nouvelle édition 2002. Éditions d'Organisation.

environnement, ou tout cela à la fois... » Bref, autant d'interprétations possibles que d'interprètes. Comment alors s'entendre sur une définition unique concernant un mot quand chacun lui accorde une signification différente ?

Ce n'est pas la seule observation que fait Christian Balicco : « *Très souvent, les feuilles de notations qui suivent un salarié pendant sa carrière, ont une fâcheuse tendance à se ressembler... d'une année sur l'autre.* », explique-t-il. C'est très simple : avant d'évaluer son collaborateur, le hiérarchique va regarder l'évaluation qui a été faite l'année précédente par lui-même ou un autre hiérarchique. Dans cette perspective, affirme-t-il : « *Il y a fort peu de chances que l'évaluation nouvelle diffère beaucoup de la précédente : un collaborateur qui a été noté « moyen » se verra peut-être noté « moyen plus », mais, plus rarement, « bon » ou « très bon ».*

Cette tendance à la stabilité des notations, Christian Balicco l'explique par la volonté de l'évaluateur de ne pas aller contre son propre jugement, celui qu'il a formulé il y a un an et qu'il ne peut que légèrement assouplir. Volonté aussi de pas aller à l'encontre de notations effectuées par d'autres hiérarchiques... « *Le cadre qui évalue son collaborateur n'a, en général, pas envie de se mouiller* »... Résultat : une évaluation, qui, pour une bonne part des salariés, se situe assez souvent autour d'une note moyenne avec quelques pointes vers le « moyen + »... Ce qui explique peut-être ce manque d'intérêt des cadres pour l'évaluation de leurs collaborateurs... un manque d'intérêt qui n'a d'égal que celui des évalués pour un face à face rituel durant lequel le N + 1 se voit contraint de revêtir l'étoffe d'un juge... Car il y a un peu de cela : « *L'évaluation dans le monde du travail vous place dans une situation semblable à celle de l'enfant qui est évalué par son instituteur à l'école, ses parents à la maison...* »

Pour effectuer une évaluation objective, il faudrait se plier à deux obligations : « *D'une part, avoir l'esprit le plus neutre possible, c'est-à-dire apprendre à relativiser, voire oublier les bonnes ou les mauvaises notes qui jalonnent un parcours professionnel. Et, d'autre part, resituer le parcours de l'évalué dans son environnement.»* Par exemple : si un «bon» commercial, noté comme tel, n'atteint pas ses objectifs de l'année, ce n'est peut-être pas par manque de persévérance, mais à cause de facteurs externes (nouvelle législation, problème avec les fournisseurs...) qui ont pu venir fausser ses résultats ! *«Trop de notations ne tiennent pas compte de l'influence de l'environnement.»*, regrette Christian Balicco. Ainsi, entend-t-on, quelquefois : «Oh, mais c'est un caractériel». *«J'aurais plutôt tendance à répondre : c'est une personnalité perçue comme difficile car certaines caractéristiques environnementales le poussent à se conduire comme tel. C'est une nuance de taille.»*... Et que dire de ces cadres qui doivent évaluer des collaborateurs qu'ils ne voient jamais et qui sont alors contraints de demander l'avis à d'autres hiérarchiques «Que penses-tu de celui-là ?»...

Aussi, et c'est bien normal, les évalués se méfient. L'évaluation, la notation, l'entretien ne sont guère appréciés. À ce propos, Christian Balicco ne manque pas d'anecdotes qui ne sont pas pour les faire changer d'avis : *«pourquoi quelqu'un de grand et mince est-il généralement perçu comme étant plus intelligent et plus compétent qu'un petit rondouillard ?»* ; pourquoi *«cette femme toujours bien notée, a-t-elle vu, une fois avouée sa maladie, sa cote dégringoler...»* ; *«et que signifient ce type de jugement :* «je pense que vous êtes un bon commercial», ou «un mauvais manager», ou que «vous êtes sympathique»... *jugements reposant uniquement sur des convictions personnelles, par conséquent, nécessairement subjectives... quelqu'un que l'on aime est forcément perçu comme plus intelligent que quelqu'un que l'on déteste.»* On pourrait imaginer, suggère Christian Balicco, que les feuilles de notations soient remplies à deux (l'évalué et son hiérarchique), qu'il ne soit jamais fait référence à l'évaluation de l'année précédente, etc.

L'évaluation demeure toutefois nécessaire. À ce titre, elle est mise en œuvre de plus en plus souvent. Même si «*Plus les gens travaillent, moins ils ont tendance à être reconnus.*», regrette Christian Balicco. Mais l'évaluation est aussi et avant tout, un dialogue, un échange entre un hiérarchique et son collaborateur. Pourquoi ce dernier n'aurait-il pas voix au chapitre? L'évalué ne doit pas se mettre dans une position de soumission. Il a son mot à dire et il doit pouvoir, le cas échéant, récuser certaines conclusions de l'évaluation. «*Pas à chaud*, conseille Christian Balicco. *L'échange serait alors d'une très grande pauvreté et risquerait de se situer dans le registre de la revendication. L'évalué qui souhaite marquer son désaccord doit le faire avec un certain recul, dédramatiser. Il doit travailler son argumentaire, crayon en main et le construire à partir de faits.*» Un commercial qui voit sa cote dévisser pour cause de moins bons résultats peut affiner l'évaluation : «*C'est vrai, vous étiez habitué à de meilleurs scores. Mais, compte tenu du temps dont je dispose désormais et de la quantité de contrats que je suis dans l'obligation de conclure, je ne peux en négocier davantage dans de bonnes conditions...*»... Là comme ailleurs, c'est la communication qui ouvre les portes ou les ferme dès qu'elle ne passe plus. Certains évaluateurs seront plus ouverts que d'autres et accepteront de tenir compte de vos remarques. Mais il leur sera difficile de contredire la réalité des faits. Tout comme de mettre en doute vos capacités à animer une équipe, par exemple, si l'ensemble de vos collaborateurs vous reconnaissent cette qualité. Oralement avec votre hiérarchique, par observations écrites sur votre feuille de notation, vous devez faire entendre votre voix. À condition d'avoir construit vos arguments. De vous être... auto-évalué en quelque sorte!

www.ingramcontent.com/pod-product-compliance
Lightning Source LLC
Chambersburg PA
CBHW070307200326
41518CB00010B/1924